Les rêves
chez l'adulte

Les rêves chez l'adulte

Comment utiliser vos nuits pour améliorer votre vie

NICOLE GRATTON

Éditeur : François Doucet
Révision linguistique : Caroline Bourgault-Côté
Révision : Suzanne Turcotte, Carine Paradis
Image de la couverture : ©iStockphoto
Design de la couverture et Mise en pages : Sylvie Valois
ISBN 978-2-89565-932-7
Première impression : 2009
Dépôt légal : 2009
Bibliothèque et Archives nationales du Québec
Bibliothèque Nationale du Canada

Éditions AdA Inc.
1385, boul. Lionel-Boulet
Varennes, Québec, Canada, J3X 1P7
Téléphone : 450-929-0296
Télécopieur : 450-929-0220
www.ada-inc.com
info@ada-inc.com

Diffusion
Canada :   Éditions AdA Inc.
France :   D.G. Diffusion
             Z.I. des Bogues
             31750 Escalquens — France
             Téléphone : 05.61.00.09.99
Suisse :   Transat — 23.42.77.40
Belgique :   D.G. Diffusion — 05.61.00.09.99

Imprimé au Canada

SODEC

Participation de la SODEC.
Nous reconnaissons l'aide financière du gouvernement du Canada par l'entremise du Programme d'aide au développement de l'industrie de l'édition (PADIÉ) pour nos activités d'édition.
Gouvernement du Québec — Programme de crédit d'impôt pour l'édition de livres — Gestion SODEC.

Catalogage avant publication de Bibliothèque et Archives nationales du Québec et Bibliothèque et Archives Canada

Gratton, Nicole, 1951-
    Les rêves chez l'adulte : comment utiliser vos nuits pour améliorer votre vie
    ISBN 978-2-89565-932-7

    1. Rêves. 2. Rêves - Interprétation. I. Titre.
BF1092.G72 2009   154.6'3   C2009-941168-7

Table des matières

Préface

Quand Nicole Gratton m'a approchée pour faire la préface de son nouveau livre, ce fut un grand honneur pour moi. Le rêve commence tout juste à être pris en considération par les chercheurs. En tant que médecin, j'ai eu une formation scientifique ; c'est pourquoi l'univers du rêve a été difficile d'approche pour moi. Je me souviens à quel point il a été dur d'apprivoiser ce monde si subjectif et rempli de théories encore si peu corroborées par des données objectives.

Mais les livres de Nicole Gratton ont été un tremplin qui a facilité mon entrée dans ce domaine qui est devenu rapidement une passion. J'ai découvert, à l'aide de ses écrits, le sérieux avec lequel elle tente de nous informer sur ce monde merveilleux tout en tenant compte des toutes dernières recherches de la science. Effectivement, au fil de ses lectures et des nombreux congrès internationaux sur le sommeil et le rêve auxquels elle assiste régulièrement, elle tente de demeurer à la fine pointe de tout ce qui est publié dans le domaine. Sa formation antérieure dans le secteur médical et son contact avec les patients ont sûrement été des atouts pour parfaire sa formation et aborder les gens avec le respect et l'éthique dont elle fait preuve.

L'interprétation des rêves, étant du royaume du sacré, implique un respect et un haut sens de l'éthique, car un rêve est ce qu'il y a de plus intime pour chacun.

Il faut beaucoup de courage pour arriver à confier ses scénarios intérieurs et il n'y a pas de place pour les critiques ou l'imposition des idées. Au contraire, il faut soutenir les gens et les amener à devenir autonomes dans leur quête vers la connaissance de soi.

J'ai pu apprécier avec quelle rigueur l'auteure forme les animatrices de son école de rêves, leur offrant les dernières publications sur le sujet, de la part des plus grands chercheurs dans le domaine.

Mais malgré cet intérêt pour le champ de la recherche, elle demeure capable d'écrire des livres avec son cœur, et ses écrits sont teintés d'inspiration et de spiritualité, ce qui stimule l'imagination et nous permet de la suivre à travers ses voyages au cœur de l'aventure onirique. Ceci facilite l'épanouissement personnel et un plus grand cheminement vers l'autonomie personnelle. Au terme de chacun de ses livres, nous pouvons poursuivre nous-mêmes notre quête individuelle vers la connaissance de soi.

Je défie quiconque de ne pas devenir plus conscient de ses escapades nocturnes et même de ne pas constater une augmentation du nombre et de la luminosité de ses rêves en lisant un des livres de Nicole Gratton, surtout le premier, *L'art de rêver*, qui demeure pour moi, encore après des années, un des meilleurs livres pour s'initier au monde merveilleux des songes.

Encore une fois, avec ce nouveau volume, Nicole Gratton nous propose un voyage dans cet univers inspirant du rêve et de la découverte de soi.

Dr Michelle De La Garde, M.D. FCMF

Introduction

La nuit porte conseil! Nous le savons intuitivement et, en effet, l'expérience personnelle nous le prouve régulièrement sur une base pratique. Par contre, sur le plan intellectuel, les rêves nous surprennent par leur irrationalité. C'est pourquoi ils nous intriguent au point de désirer un jour ou l'autre les comprendre de façon logique.

D'où viennent les scénarios qui meublent nos nuits, et à quoi servent-ils? Heureusement, la science s'en préoccupe de plus en plus et apporte la confirmation que ceux-ci sont importants et même essentiels à notre bien-être. La preuve est faite : tout le monde rêve et cette fonction naturelle du sommeil nous accompagne de la naissance à la mort.

Selon l'époque, on a attribué différents rôles aux rêves. Dans les temples grecs de l'Antiquité, on vénérait le rêve, car il apportait aux humains des messages divins, des conseils pratiques et même des guérisons physiques. Plus tard, durant le Moyen Âge, ce fut une période de grande noirceur et le rêve fut renié et discrédité. Puis, au début du XXe siècle, Freud, le père de la psychanalyse, publia un livre intitulé *L'interprétation des rêves*. Il redonna alors aux rêves une place d'honneur dans la psyché humaine en les reliant à la manifestation des désirs réprimés. Par la suite, Carl Gustav Jung, l'élève de Freud, élargit davantage les concepts élaborés par son maître, ce qui permit de rétablir le pont entre le rêve et la spiritualité.

Plus près de nous, les scientifiques maintenant équipés d'appareils électroniques sophistiqués scrutent nos nuits dans des laboratoires du sommeil. Le rêve devient mesurable et prévisible grâce à l'électro-encéphalogramme et à l'imagerie cérébrale.

Rêver est naturel et nous en bénéficions chaque nuit. Seule la mémoire du rêve varie d'une personne à l'autre. Notre culture, l'éducation reçue et les attentes personnelles influencent cette mémoire.

Pour mieux apprivoiser les trésors cachés du rêve, nous examinerons de plus près les rêves informatifs, les rêves télépathiques et les rêves spirituels. Ensuite, afin de faciliter l'accès aux informations privilégiées qu'ils contiennent, la tenue d'un journal de rêves s'avère utile. La structure de celui-ci est importante pour la compréhension et la validation des messages reçus.

Sur le plan de l'analyse du rêve, une question se pose : est-ce nécessaire de consulter un dictionnaire de symboles pour en décoder le langage ? Le dernier chapitre fait la lumière sur cette méthode archaïque. Notre intelligence et notre intuition vont bien au-delà du lien parfois simpliste entre une image de rêve et la symbolique universelle. En consultant une clé des songes, on se limite trop à un sens unique ou une prémonition fixe. En fait, c'est tout le scénario du rêve qui compte. Les actions posées et les émotions ressenties tissent la trame d'une réalité intérieure que seul le rêveur peut saisir en la reliant à ses expériences passées, ses préoccupations présentes ou ses attentes futures. Le rêve est polyvalent et riche en cadeaux subtils. Il vaut la peine de s'y attarder pour mieux l'apprivoiser.

A la fin de ce livre, une série de douze rêves et leurs analyses seront démontrées en incluant des actions à envisager suite à la compréhension des messages reçus. N'oublions pas que seul le rêveur sait dans quel secteur de sa vie (familial, social, professionnel, etc.) ou dans quel aspect de son bien-être (physique, émotionnel, intellectuel ou spirituel) la métaphore de rêve s'applique.

CHAPITRE 1

L'importance des rêves

La nuit venue, lorsque nous nous abandonnons dans les bras de Morphée, le dieu des songes, une partie de nous continue de vivre. Les neurosciences démontrent effectivement un haut niveau d'activité cérébrale.

La psychologie élabore le principe de libération et de compensation afin d'éliminer le stress émotif dû aux frustrations et aux sentiments réprimés durant la journée. Cet équilibre émotionnel inhérent au rêve est d'une importance capitale pour notre bien-être.

L'approche holistique oriente le rêve vers une direction pratique au quotidien. Elle associe le sommeil actif à la stimulation de la créativité dont le but est de résoudre les problèmes issus des expériences de l'éveil.

Puisque la science nous offre maintenant de précieuses données, nous pouvons apprécier davantage les fonctions du sommeil. Grâce à la neurobiologie et à la physique quantique, on s'émerveille de jour en jour devant les prouesses du cerveau et le potentiel de la conscience. Plus nous en savons, meilleure est la motivation d'apprivoiser nos rêves. Les connaissances scientifiques jumelées à l'expérience individuelle apportent la stimulation et la motivation pour porter un intérêt croissant aux rêves.

Le cerveau de nuit

Le cerveau humain est constitué d'environ 100 milliards de cellules nerveuses appelées neurones, et chaque neurone possède entre 1 000 et 10 000 prolongements, formant un réseau qui facilite le relais entre eux.

Chaque réseau neuronal devient une centrale informatique ultra-puissante. Le jour, certains évaluent l'utilisation du potentiel cérébral à 10 % du maximum de ses capacités. Selon des données recueillies par l'imagerie cérébrale faite en période de sommeil de rêves, cette activation peut atteindre jusqu'à 80 %. Il est donc évident que nous sommes plus intelligents la nuit que le jour.

Un des facteurs qui confirme l'utilité des rêves relève d'une caractéristique étonnante du cerveau appelée «plasticité du cerveau», laquelle démontre le potentiel illimité de changement de cet organe. Chaque scénario de rêve permet ainsi de stimuler certains neurones afin de favoriser le développement du cerveau. En effet, la disposition naturelle des neurones à former de nouvelles connexions s'appelle la neuroplasticité. Comme nous le démontre la journaliste scientifique Lynne McTaggart grâce aux récentes découvertes, le cerveau est non seulement malléable jusqu'à la fin de la vie, mais il peut aussi créer de nouvelles cellules dans le but d'accroître nos performances : «Quand l'unité règne dans le cerveau, il en résulte une plus grande cohérence de la pensée, ce qui se traduit par une augmentation du quotient intellectuel et de la créativité, une amélioration de l'aptitude à apprendre et des performances universitaires, une élévation du raisonnement moral, un accroissement de la stabilité psychologique, de la maturité émotionnelle, un temps de réaction plus rapide et une plus grande vivacité de l'esprit. »

Les sensations et les émotions expérimentées en rêve sont interprétées par le cerveau comme du vécu réel. Ainsi, lors de l'activité onirique, en plus du rythme respiratoire et cardiaque qui varient, le cerveau devient hyperactif. De nouvelles connexions neuronales se mettent en place.

L'entraînement virtuel

Les scènes jouées sur notre écran intérieur offrent un terrain d'entraînement pour expérimenter une gamme d'émotions diversifiées et pour consolider des apprentissages récents. Ceci a pour effet de favoriser une plus grande maturité émotionnelle et une intégration plus rapide du vécu diurne. Le rêve devient alors un laboratoire virtuel où toutes les expériences sont possibles sans les dangers physiques inhérents à ces aventures tantôt amusantes, souvent exigeantes et parfois héroïques.

Voici quelques exemples de rêves qui permettent de faire certains dépassements ou de pousser nos limites bien au-delà de nos capacités de jour :

- Voler librement dans les airs.

- Respirer sous l'eau avec aisance.

- Immobiliser un adversaire dangereux et puissant.

- Sauver avec courage un groupe de personnes en détresse.

- Faire apparaître un pont solide pour traverser un fleuve agité.

Même si le scénario de rêve relève davantage de la fiction que de la réalité, le sentiment de contrôle et de puissance qui en résulte génère un changement intérieur et une prise de conscience du pouvoir personnel. Puisque le corps émotionnel a virtuellement vécu l'expérience, le cerveau a développé un réseau de circuits neuronaux pour composer avec ce défi.

Si, cependant, dans le même scénario, l'émotion demeure négative (doute, peur ou angoisse), le rêve permet d'évaluer le niveau de contrôle émotionnel sur les menaces potentielles de la vie. En tant que miroir des états intérieurs, le rêve reflète alors le degré d'impuissance du moment. Un travail sur soi ou l'aide d'un thérapeute s'avérera nécessaire au besoin pour récupérer le pouvoir personnel temporairement absent.

Prendre l'habitude de noter nos rêves devient alors important pour faire le suivi de nos transformations. Grâce à l'évaluation régulière des états intérieurs, nous pouvons paramétrer l'évolution ou la régression en cours.

Ce sera parfois lors de cauchemars que nous aurons la possibilité de nous entraîner virtuellement face au danger. Sous forme de conflit, de menace et d'agression, le rêve nous expose à une situation où le courage sera de mise. Même si les mauvais rêves ne sont pas souhaitables, il arrive parfois qu'ils soient ainsi très bénéfiques.

Le travail sur les rêves apporte de grands bienfaits, dont celui de nous aider à mieux nous connaître. Les images oniriques sont généralement le reflet de notre vie intérieure. Il existe dans notre psyché une dualité qui provient des deux forces inhérentes à l'être : l'ego et l'âme. L'ego agit avec le principe du plaisir : il réclame ce qui lui plaît et élimine ce qui lui déplaît. L'âme fonctionne avec le principe d'évolution : elle vise la réalisation de soi. Chacune de ces deux composantes tente de se manifester à la conscience par des comportements de jour et des rêves de nuit.

L'ego porte un aspect obscur identifié en tant qu' «ombre». Cette ombre fait partie des archétypes décrits par le célèbre psychanalyste Carl Gustav Jung. L'ombre est à l'origine de nombreux conflits psychiques. C'est aussi la zone des démons intérieurs, faite de pulsions bestiales et primaires.

L'ombre doit être intégrée afin de voir ses côtés positifs, dans le but d'accéder aux forces créatrices.

L'ombre se manifeste dans les rêves sous forme d'une sombre figure telle un personnage menaçant ou un animal agressif. Elle peut aussi apparaître sous l'aspect d'un mendiant aux allures inquiétantes et au comportement douteux. La rencontre avec cette facette cachée de soi peut générer des scénarios de rêves de nature angoissante. Il suffit alors en rêve de nous rapprocher de notre ombre afin de lui témoigner notre acceptation : l'accueillir, lui demander ce qu'elle veut ou devenir son ami. Ainsi la partie sombre de nous autrefois négligée se transformera : elle passera de la noirceur à la lumière.

Les deux polarités, l'ombre et la lumière, servent à maintenir l'équilibre. La survie est assurée par l'ego qui veille aux besoins de base, et l'évolution est assumée par l'âme qui chemine dans l'amour.

Un des plus beaux gestes d'amour est de nous accepter tel que nous sommes, avec nos défauts et nos faiblesses, avec nos craintes et nos doutes. Nous ne sommes pas parfaits et il est nécessaire d'accueillir notre humanité imparfaite pour tendre ensuite vers le potentiel illimité de notre divinité. L'acceptation de la partie « ombre » en nous est un premier pas.

Les cauchemars du passé peuvent devenir des exploits du futur grâce à l'entraînement onirique disponible durant le sommeil. Pendant que le corps dort, l'âme s'envole. Lors de ses périples dans les mondes intérieurs, elle acquiert peu à peu la force d'affronter ses démons cachés pour en faire des alliés utiles.

Les cauchemars servent aussi de terrain d'entraînement pour éveiller des qualités telles que le courage et l'audace.

Pour stimuler l'enthousiasme à apprivoiser les rêves, nous allons maintenant examiner de plus près quelques-unes de leurs nombreuses fonctions.

L'entente de collaboration

Le rêve se manifeste tôt dans la vie. Les recherches ont démontré que, durant la grossesse, la présence d'une activité cérébrale chez le fœtus est présente. De plus, il semblerait qu'une synchronie s'installe entre la mère et le fœtus afin de rêver en même temps. Toutes les hypothèses sont possibles : transmettre de l'information génétique au fœtus, faciliter l'adaptation d'une vie commune. De nombreux témoignages de mamans ayant communiqué par le rêve avec l'esprit de l'enfant avant la naissance laissent présager la valeur inestimable de ce contact privilégié.

Ainsi, chaque nuit, nous bénéficions d'une équipe de collaborateurs au service de notre bien-être et de notre évolution. Parmi les nombreuses fonctions que joue le rêve, en voici trois qui pourront nourrir la motivation personnelle à se préoccuper de ses nuits :

- L'information : rêves informatifs.

- La communication : rêves télépathiques.

- L'évolution : rêves spirituels.

Les rêves informatifs sont indispensables pour être au courant de ce qui se passe dans nos univers intérieurs. Dans quel état se retrouve notre corps émotionnel après une journée de stress ? Quelle quantité de données récentes notre esprit a-t-il intégrée suite à de nouveaux apprentissages ? Comment résoudre un problème financier ou aborder un changement de carrière ? Les informations en provenance du rêve seront alors très aidantes pour y voir clair.

Pourquoi ces informations sont-elles accessibles ? Tout simplement parce que nous sommes reliés à un « tout » qui est constamment en communication avec ses parties. La conscience individuelle est reliée à la conscience universelle.

Ervin Laszlo, chercheur et détenteur d'un doctorat d'État, formule merveilleusement bien ce concept d'interrelation entre chaque partie du tout : « La physique nouvelle, la biologie nouvelle et les récentes recherches sur la conscience savent reconnaître que la vie et l'esprit font intégralement partie du monde et qu'ils ne sont pas des sous-produits du hasard. Tous ces éléments se retrouvent dans l'univers informé, un univers global et intensément significatif, la pierre angulaire d'un plan conceptuel unifié qui relie tous les phénomènes du monde : une théorie intégrale du tout. » La science soutient maintenant la notion d'unité.

Ainsi, la nuit, alors que la logique trop rationnelle de jour est en veilleuse grâce au sommeil, la conscience intuitive se branche sur un réseau commun d'informations et les transmet via le rêve lorsque nécessaire.

Sur le plan de la communication, ce sont les rêves télépathiques qui se chargent de faciliter les contacts intérieurs et d'harmoniser les relations. Les expériences du quotidien provoquent parfois des perceptions erronées qui deviennent génératrices de conflits et d'incompréhensions. Heureusement, la nuit, les rêves de communication favorisent des échanges directs et authentiques.

Il y a aussi les rêves de rencontre avec des personnes décédées qui permettent de finaliser un deuil difficile ou de savourer des rencontres oniriques réconfortantes. Ces rêves de contacts directs avec des personnes qui sont maintenant de l'autre côté peuvent servir d'indice validant la vie après la mort.

La troisième fonction est liée aux rêves spirituels, qui sont responsables de notre évolution. Grâce à la liberté mise à la disposition du rêveur par le voyage intérieur accessible durant le sommeil, une partie de soi prend son envol. Cette partie associée à la conscience supérieure est l'âme. Ses qualités divines décrites dans différentes traditions spirituelles se résument ainsi : l'âme est invincible, immortelle et illimitée.

Parmi les rêves spirituels, nous retrouvons les rêves initiatiques dans lesquels nous avons des tests à passer pour décupler notre courage et ainsi vaincre la peur. En voici des exemples :

- Traverser des flammes sans subir de brûlures.

- Sauter en bas d'une immense falaise sans parachute.

- Traverser un pont suspendu dans le vide.

Les rêves informatifs, télépathiques et spirituels sont des collaborateurs inestimables. Ces trois types de rêves feront chacun l'objet d'un chapitre complet. À nous de les apprivoiser la nuit pour jouir le jour d'une vie plus épanouie.

Comme première étape, le chapitre suivant permet de réaliser combien le sommeil est merveilleusement bien organisé pour favoriser la manifestation des rêves. Dormir pour rêver et savourer la joie d'expérimenter avec la conscience onirique qui est créatrice.

CHAPITRE 2

Le sommeil pour rêver

Depuis que le sommeil est mesurable grâce à la technologie moderne, les scientifiques en font une étude structurée et vérifiable. Avant les années 1950, le sommeil était une énigme et seule une évaluation subjective était possible. Dormir bien ou mal, rêver peu ou beaucoup relevait d'une appréciation partielle et davantage subjective qu'objective. De plus, on ne pouvait détecter à quel moment précisément on passait du sommeil lent au sommeil de rêve.

En 1953, deux chercheurs américains, Nathaniel Kleitman et Eugène Aserinsky, observaient le sommeil d'un jeune enfant en remarquant le mouvement des yeux sous les paupières closes de celui-ci. Grâce à l'électroencéphalogramme (ÉEG, appareil inventé par un neurologue allemand, le docteur Hans Berger), ils enregistrèrent les pulsions électriques émises par le cerveau du dormeur. Grâce à cet appareil d'amplification et de mesure, ils ont découvert la physiologie du sommeil en quantifiant sa durée et sa profondeur.

En comprenant les phases du sommeil, nous pouvons mieux l'apprécier pour ses rôles de consolidation de la mémoire, d'intégration des apprentissages et de régénération de l'organisme.

Les différentes phases

Le cycle «veille» — sommeil appelé «cycle circadien» — est différent pour chacun. À la naissance du nourrisson, ce cycle est totalement irrégulier et c'est pourquoi il dort et s'éveille à tout moment. Plus tard, vers l'âge de 6 mois environ, le cycle devient prévisible et s'adapte au besoin de l'environnement. En moyenne, l'enfant consacre 50 % de son temps à dormir alors que la personne âgée peut se contenter de 15 % seulement. Le processus de croissance et les fonctions d'apprentissage provoquent cette différence notable.

Puisque le cerveau se compare à un immense ordinateur fonctionnant sans interruption et générant de l'électricité dont on peut en mesurer la quantité, les chercheurs ont identifié cinq différents stades du sommeil :

- Endormissement

- Sommeil léger

- Sommeil profond

- Sommeil très profond

- Sommeil paradoxal

Les caractéristiques du sommeil profond sont les suivantes : ondes électriques très lentes émises par le cerveau. Elles donnent l'impression que le dormeur est dans le coma. Cette phase dure de 60 à 90 minutes environ. En éveillant une personne durant cette période, elle est généralement désorientée et rapporte rarement un scénario de rêve.

Après une séance de repos cérébral, un phénomène apparaît, que les scientifiques ont mis en évidence grâce à l'observation physiologique. Le corps devient paralysé et le cerveau se met soudain à fonctionner à plein régime. Alors que le tonus musculaire est à son plus bas niveau, l'activité cérébrale augmente soudain pendant une période de 5 à 10 minutes environ. Il s'agit du sommeil paradoxal et les ondes électriques émises par le cerveau deviennent rapides, ressemblant à celles de l'éveil, d'où le paradoxe de ce sommeil et le nom qui lui a été attribué : sommeil paradoxal. On remarque aussi des mouvements oculaires rapides (MOR).

Durant la période de sommeil paradoxal, aussi nommé en anglais «REM Sleep» (*Rapide Eye Movement*), et à cause de l'activité cérébrale amplifiée, le dormeur voit des images, ressent des émotions et expérimente des sensations. Il rêve.

Après une première séance de cinéma intérieur, un autre cycle de sommeil lent (profond ou léger) s'installe pendant 60 à 90 minutes. Puis, un deuxième rêve apparaît dont la durée sera de plus en plus longue au fur et à mesure que la nuit avancera. Au matin, le dernier rêve peut se prolonger jusqu'à 30 minutes et plus, d'où une plus grande facilité à s'en souvenir.

À cause des différents stades de sommeil, les chercheurs ont énoncé plusieurs fonctions reliées au sommeil. Pour la survie tant physique que psychologique allant de la créativité à la résolution de problème, le rêve fait partie intégrante de notre vie de nuit.

Notons que le cerveau même, s'il ralentit par moment, ne s'arrête jamais. À tout instant, il est au service du corps et de la conscience.

Les fonctions essentielles

Le sommeil est nécessaire à notre survie. Par ses fonctions de rénovation physique et psychique, il assure une régénération constante de nos forces vitales. Il recharge nos batteries intérieures. Dormir est une nécessité et rêver l'est autant.

En sommeil profond, notre corps bénéficie d'une rénovation physique sur plusieurs plans :

- Cicatrisation des plaies

- Réparation des tissus endommagés

- Régénération des organes épuisés

- Élimination des déchets organiques

- Recharge du potentiel énergétique

- Sécrétion des hormones de croissance

- Renforcement de l'ossature et tonification des muscles

Après un cycle de régénération physique, c'est au tour du corps émotionnel et du corps mental de passer à l'atelier de réparations. On accède alors à une rénovation psychique grâce au sommeil paradoxal :

- Maturation du cerveau

- Restructuration de la mémoire

- Élimination du stress accumulé

- Développement de la créativité

- Élaboration de la vision globale

- Libération des émotions refoulées

- Intégration des connaissances et des apprentissages

Même si nous avons l'impression que le sommeil est passif et qu'il représente une perte de temps, les recherches ont prouvé le contraire. Dormir, c'est éliminer les toxines, réparer les blessures corporelles, assimiler les nutriments, refaire de nouvelles cellules et guérir le corps. De même que rêver, c'est éliminer les émotions négatives, réparer les dommages affectifs, assimiler les connaissances intellectuelles, refaire de nouvelles prises de conscience et guérir la psyché. En sommeil profond ou en sommeil de rêve, nous sommes donc en pleine activité.

L'importance des rêves

Puisque le sommeil occupe environ le tiers de notre temps, est-il possible d'en tirer autre chose que du repos? À la lumière des fonctions précédemment décrites, nous savons maintenant que le rêve est utile et même essentiel à notre santé émotionnelle, mentale et spirituelle.

À travers l'histoire, le rêve connaît des jours de gloire et des périodes de grande noirceur. Selon les époques et les cultures, il est plus ou moins bien accueilli. Les premiers textes sur les rêves datent d'environ 5 000 ans avant Jésus-Christ. Sur des tables d'argile assyriennes et babyloniennes sont consignées des données sur l'interprétation des rêves. Plus tard, les Védas, textes sacrés de l'Inde datant de 1800 av. J.-C., font aussi mention des rêves.

L'âge d'or du rêve apparaît à l'époque de l'Antiquité. Pendant près de mille ans (de la fin du VIe siècle av. J.-C. jusqu'au Ve siècle apr. J.-C.), les pèlerins se rendent dans les temples grecs dans un but précis.

Ils ont comme objectif de recevoir un rêve de guérison grâce à l'induction onirique. Avec des rituels et des prières avant le sommeil, les rêveurs se préparent à entrer en contact avec un dieu aidant. Le rêve possède alors un caractère sacré.

Après cette période de gloire, c'est une longue descente vers le déni presque total du rêve qui s'amorce. Le Moyen Âge et l'Inquisition qualifient le rêve de manifestation diabolique. Les rêves sont condamnés et on persécute ceux qui les interprètent.

Vers la fin du XVIIIe siècle, un intérêt nouveau se réanime et de nombreuses clés des songes refont surface. Puis, vers 1900, deux chercheurs européens passionnés par le monde du rêve, Sigmund Freud (1856-1939) et Carl Gustav Jung (1875-1961), redonnent au rêve ses lettres de noblesse. Ces deux pionniers de la compréhension du rêve amorcent un travail considérable. Ils réussissent à démontrer la valeur thérapeutique du rêve en décrivant l'origine psychologique des contenus oniriques.

Freud met en évidence le côté sombre de l'inconscient contenant les instincts primaires et les désirs refoulés. Ses travaux ont permis d'élaborer une technique efficace dans la thérapie des syndromes psychiatriques.

Freud a aussi développé les concepts suivants : le rêve manifeste qui est la version déformée du rêve, telle que nous nous en souvenons et le rêve latent qui est le rêve véritable contenant l'expression de nos désirs cachés.

Jung, qui fut d'abord l'élève de Freud, travaille avec ce dernier de 1906 à 1913. À cause de leur divergence d'idées, Jung préfère mettre fin à leur collaboration mutuelle. Alors que Freud insiste sur la nature sombre de l'inconscient, Jung se charge de montrer l'autre aspect, plus lumineux, contenant les aspirations spirituelles de l'âme. Il développe les concepts suivants : Anima et Animus, l'inconscient collectif et les archétypes (voir glossaire).

Jung a aussi comparé le déroulement du rêve à celui d'une pièce de théâtre avec ses quatre scènes : la spécification des lieux, l'exposition, le point culminant et la solution.

Durant cette même période, mais sur un autre continent, le médium américain Edgar Cayce (1877-1945) apporte d'autres concepts à la théorie des rêves. Il insiste particulièrement sur les fonctions télépathiques et prophétiques de l'activité onirique. Pour lui, les rêves constituent la ressource la plus précieuse en ce qui concerne la connaissance de soi, la créativité, la résolution de problèmes et la croissance personnelle. Cayce a interprété plus de 1 500 rêves.

Aujourd'hui, des centaines de laboratoires à travers le monde sont dédiés à l'étude du sommeil et des rêves. Plusieurs spécialistes de la médecine du corps et de l'esprit y contribuent, du psychologue jusqu'au neurophysiologue. Chacun apporte son expertise pour permettre à la recherche de progresser vers une compréhension plus grande. Parmi ceux-ci, nous retrouvons William Dement, Michel Jouvet, Robert Stickgold et J. Allan Hobson, pour le sommeil, ainsi que Patricia L. Garfield, Gayle Delaney, Jeremy Taylor et Stephen Laberge, pour le rêve.

Un des aspects mis en valeur par l'étude des rêves est la créativité qu'il favorise. La nuit porte conseil ! Les rêves ont la merveilleuse propriété d'aider à résoudre les problèmes quotidiens. D'origine purement matérielle ou de nature plus existentielle, nos questionnements trouveront des réponses grâce à la perception globale accessible en sommeil paradoxal. Il suffit de porter une attention particulière aux contenus de nos rêves. D'ailleurs, de nombreux artistes, écrivains, musiciens et inventeurs en ont fait l'éloge en témoignant de la provenance de leurs inspirations.

Liste partielle des inventions inspirées des rêves

Médecine : — L'insuline, par Banting
— La pénicilline, par Yan Fleming
— Les lois de l'hérédité, de Johann Mendel

Science : — La théorie de la relativité, d'Einstein
— La structure de l'atome, de Niels Bohr
— L'ordinateur, par John von Neuman
— La désintégration de l'atome, de Rutherford
— La structure moléculaire du benzène, de Kekulé

Musique : — *L'Or du Rhin*, de Wagner
           — *La Flûte enchantée*, de Mozart
           — La *Sonate du diable*, de Tartini
           — *Yesterday*, des Beatles

Littérature : — La *Légende des siècles*,
             de Victor Hugo
           — Le *Discours de la Méthode*, de
             Descartes
           — *Dr. Jekkyl et Mr. Hyde*, de
             R. L. Stevenson
           — Le poème « Kubla Khan », de
             Coleridge

Inventions : — Le phonographe, l'ampoule
             électrique, d'Edison
           — Le manche à balai des avions,
             de E. Pelleterie

Le phénomène de l'activation du cerveau durant le sommeil donne lieu à différentes catégories de rêves. Selon l'origine du déclencheur, nous obtenons soit un rêve réactif, compensateur, prophétique ou télépathique. Voici un tableau général de ces catégories :

Rêves réactifs : en rapport avec les conditions extérieures qui influencent les conditions intérieures. Stimuli en provenance du corps ou de l'environnement pouvant créer des images réactives : digestion, fièvre, faim, soif, température ambiante, bruit environnant.

Rêves compensateurs : scénarios qui maintiennent l'équilibre psychique. Ils sont directement reliés aux émotions du rêveur : joie, colère, peine, frustration, etc. Ces rêves représentent une force équilibrante et essentielle qui agit constamment pour notre bien-être. Grâce à la compensation, le rêve devient un puissant antistress.

Rêves prémonitoires : scènes qui nous montrent un événement possible du futur si nous maintenons les conditions actuelles. Ils démontrent des probabilités à venir. Ils nous préviennent aussi des conséquences potentielles en nous dévoilant les effets de nos actions présentes.

Rêves télépathiques : moment de communication avec nous-même grâce à nos personnages intérieurs ou avec les autres faisant partie de notre quotidien : amis, membres de la famille, collègues, etc.

En plus de stimuler notre créativité, le rêve s'occupe aussi d'équilibrer nos manques, de mettre en évidence les préoccupations du jour, de sonner l'alarme en cas de danger à venir.

Grâce à ses fonctions créatrices, le rêve offre des solutions adaptées aux besoins du moment. Il nous conseille sur des choix potentiels. Ces trésors deviennent accessibles grâce aux rêves informatifs.

CHAPITRE 3

Les rêves informatifs pour guider

Le rêve, étant un phénomène imprévisible d'une grande subjectivité, il est difficile de le définir dans sa totalité. Cependant, nous pouvons aisément parler de ses effets dans notre vie d'éveil. Combien de fois avons-nous bénéficié d'un rêve inspirant qui nous a aidés à résoudre un problème, apporté une information pertinente en provenance d'une intuition au réveil ? La vie ne paraît-elle pas plus belle et excitante après une bonne nuit de sommeil ?

Le rêve nous transporte chaque nuit dans une dimension où l'intuition se déploie sans l'entrave de la logique limitative. Même si la manifestation du rêve prend parfois des allures surréalistes, la sagesse de son message dépasse la pensée purement cartésienne. Sous des apparences souvent inattendues, cette ruse de la pensée intuitive a comme but de mieux nous impressionner. Au réveil, nous nous souvenons alors du rêve. Les images insolites seront par la suite décodées pour en extraire une compréhension élargie.

Le rêve nous parle de notre vécu diurne résumé en métaphores oniriques ou images « parlantes ». Il nous offre une perspective nouvelle pour saisir en un clin d'œil une information pertinente.

Que ce soit une scène brève, mais impressionnante, ou un long scénario explicatif, le rêve demeure un atout majeur dans la résolution de problèmes : vers quel choix se diriger... comment aborder telle situation... à qui parler de tel projet... etc.

Il arrive aussi qu'un sentiment persistant au réveil nous oriente vers les bonnes actions. Si au coucher un doute nous tenaille, et qu'au réveil une certitude est présente, il sera plus facile de prendre une décision.

Sous forme de bilan quotidien, de conseils utiles ou d'outil de connaissance de soi, le rêve nous renseigne et nous éduque selon nos attentes et notre réceptivité.

Un bilan quotidien

Notre pensée est en fonction 24 heures sur 24. Elle opère en différents modes selon l'activité en cours. Durant l'éveil, la pensée rationnelle, celle qui fonctionne par étapes logiques, est dominante. Nous utilisons principalement le mode verbal pour communiquer. Puis, durant le sommeil, la pensée intuitive et globale prend le dessus dans un langage d'images et d'émotions. Ce phénomène génère une complémentarité entre les réflexions diurnes et les intuitions nocturnes.

De jour, l'intellect analyse en traitant une information à la fois. Cette vision partielle qui fonctionne en mode concret offre un point de vue limité sur les événements. Tout est scindé en multiples parties qui semblent indépendantes les unes des autres. Nous obtenons une vision incomplète qui nous laisse parfois intrigués et même confus.

La nuit, durant le sommeil, l'intuition prend le dessus et offre une vision globale, un tableau d'ensemble des événements vécus durant le jour. Puisque la pensée intuitive fonctionne en mode abstrait, elle traite plusieurs informations à la fois. À l'inverse de la méthode analytique prédominante en état d'éveil, le rêve utilise la méthode synthétique pour s'exprimer. Une image vaut mille mots !

Davantage orientée vers le tout plutôt que vers les parties, la pensée globale unifie. Elle synthétise pour mieux résumer. Le rêve offre alors un point de vue nouveau de la réalité afin de mieux nous faire comprendre et ainsi permettre des réajustements, si nécessaire. Par exemple, un engagement sentimental ou professionnel avec la mauvaise personne peut entraîner des conséquences fâcheuses. Le rêve se chargera alors d'envoyer des signaux d'alarme pour nous en avertir. La métaphore pourrait ressembler à ceci : une porte qui ouvre sur un espace vide (le vide de la relation), une tornade menaçante qui se dirige sur nous (le danger de cette liaison qui peut tout renverser sur son passage), un avion qui pique du nez (la fin abrupte des espoirs trop hauts). Alors qu'un projet qui a un potentiel positif pourrait générer des images telles : conduire une voiture sur une route magnifique et dégagée (la voie est libre), découvrir un trésor (la richesse de l'expérience) ou s'attabler devant un repas abondant (l'aspect nourricier du projet).

Pour faire des liens au réveil entre le scénario onirique et la vie diurne, il est nécessaire d'abord de vérifier les préoccupations et les doutes de la veille. La seconde étape consiste à y associer les scènes vues en rêve et les sentiments qui les accompagnent.

Le langage du rêve est universel. Il est constitué d'images et d'émotions. Il nous informe avec des métaphores visuelles qui provoquent des sentiments de différentes natures dont la peur ou l'audace, la tristesse ou la joie, la haine ou l'amour, la colère ou la paix.

Même si le symbole est personnel et varie d'une personne à l'autre, le sentiment qui l'accompagne demeure l'indice révélateur. C'est donc ce dernier élément, l'émotion finale, dont nous devons surtout tenir compte pour analyser le rêve. Il suffit de nous poser la question : «Quelle est la situation que je vis présentement qui suscite ou qui risque de provoquer le sentiment ressenti en rêve?» Nous pouvons ainsi évaluer les causes passées et les conséquences à venir que le rêve nous présente : une défaite ou une victoire, une peine ou une joie, un avertissement ou un encouragement. À nous de modifier par la suite notre comportement ou nos attitudes de jour pour permettre au présent de créer un futur plus satisfaisant.

Grâce au bilan quotidien que les rêves nous tracent chaque nuit, nous pouvons réévaluer nos choix et nos décisions. Nous avons ainsi tout le loisir de modifier nos objectifs et les moyens pour y arriver.

Grâce à la tenue quotidienne d'un journal de rêves, nous pouvons observer l'ensemble des scénarios de nuit. Par la suite, en obtenant un tableau révélateur, nous avons la possibilité d'en tirer des conclusions pouvant nous aider à agir avec davantage de vigilance dans la vie de tous les jours.

La nuit porte conseil

Devant les multiples possibilités que la vie nous présente, lesquelles sélectionner ? Comment résoudre les problèmes qui jalonnent notre quotidien ? Quand agir avec le plus de sagesse possible ? Autant de questions qui nécessitent des réponses adéquates et dont le rêve se charge de répondre toutes les nuits.

Chaque scénario raconte une situation qui nous concerne directement, dans le but de nous informer et de nous guider. À nous de décoder nos symboles personnels et de les transposer par la suite dans le contexte de jour. Puisque chaque personne possède son propre réseau d'associations selon les expériences individuelles, les symboles oniriques demeurent uniques à chacun. À titre d'exemple, les chiffres vus en rêve prendront un sens totalement différent selon le type de travail de jour : en comptabilité ou en numérologie. Un informaticien aura des images différentes d'une cuisinière. Un dentiste risque de rêver plus souvent aux dents qu'un mannequin et le sens en sera d'ailleurs très différent : relié à la santé pour l'un et à l'apparence pour l'autre.

Lorsque le corps dort, l'esprit s'active. Il travaille sans effort. Il vérifie et compare. Cette démarche se déroule en circuit fermé, car les sens physiques sont coupés de la réalité extérieure. Ceci permet au cerveau intuitif une plus grande disponibilité pour élaborer une stratégie créative de résolution de problème selon le domaine qui nous préoccupe. Le rêve construit alors un scénario explicatif. Des scènes courtes ou élaborées se mettent alors en place pour nous informer.

Voici des exemples de métaphores visuelles que le rêve utilise pour résumer une situation de jour mise en évidence la nuit : une voiture que l'on conduit à toute vitesse peut parler d'une conduite dangereuse et risquée ; une maison avec des bases chancelantes peut signifier des valeurs intérieures fragiles ; observer un personnage avoir la nausée peut indiquer une partie de soi qui ne digère plus une situation, etc.

Concernant nos relations amoureuses, le rêve peut nous conseiller sur l'attitude à adopter ou les actions à poser. Par exemple, un rapprochement plus intense ou un éloignement temporaire peut aider à solidifier un couple. Les images se chargeront de suggérer l'un ou l'autre tout en nous donnant le résultat potentiel par un sentiment de certitude malgré l'aspect illogique du scénario.

Le rêve est aussi un baromètre idéal pour connaître les différents niveaux de communication. La dynamique relationnelle se révèle à nous à travers des métaphores anodines, amusantes ou saisissantes. Observer en rêve une scène où deux personnes sur une barque rament chacune dans une direction opposée est un exemple de métaphore qui parle d'efforts perdus qui ne font rien avancer.

En termes d'information, les scénarios de nuit vont directement à la cause du problème : un manque de communication de jour pourrait être symbolisé en rêve par le téléphone qui ne fonctionne plus ; un éloignement soudain pourrait être illustré par l'être aimé qui disparaît dans la brume épaisse ; un dépassement audacieux à venir pourrait être annoncé par l'escalade réussie du mont Everest.

Une émotion perturbatrice qui se faufile contre notre volonté peut se manifester en rêve par une infiltration d'eau qui vient affaiblir les fondations d'une maison ou encore par la scène suivante : le vent qui fait bouger une tour en apparence solide.

La vérité est parfois brutale, mais toujours directe lorsque nous voulons savoir. À nous de saisir l'information précieuse ou le conseil offert.

La connaissance de soi

Notre esprit étant beaucoup moins critique en rêve, nous pouvons créer des scènes étonnantes aux allures parfois burlesques. Grâce aux multiples scénarios élaborés par la pensée intuitive, nous pouvons alors mieux nous connaître tout en découvrant des habiletés cachées ou des peurs inavouées.

Le détachement émotif auquel nous accédons nous permet d'accepter des réalités occultées durant l'éveil. Le rêve est notre miroir grossissant et reflète donc certaines faiblesses ou défauts de façon directe et claire. Le but de ces révélations est d'identifier la vraie cause pour atténuer les effets nuisibles. Nos forces et nos aptitudes sont aussi dévoilées par le rêve. Une scène révélatrice de compassion, de souplesse ou d'abnégation témoignera de certaines qualités. Nos réactions de courage devant une image menaçante confirmeront notre capacité d'affronter l'inconnu. Nos réflexes devant le danger révèlent ainsi nos comportements de jour : fuir avec peur, affronter avec audace ou observer avec calme. Nous pouvons ainsi découvrir des aspects cachés de notre individualité.

L'âme est immortelle, invincible et illimitée. Ces qualités lui confèrent un pouvoir qui transcende toute limitation. Le rêve se charge de nous rappeler cette vérité importante trop souvent ignorée. En tant qu'âme, nous sommes à l'image du divin avec un potentiel infini.

L'habitude de noter les rêves dans un journal personnel permet de détecter les rêves informatifs révélateurs de qui nous sommes réellement. Comme la mémoire ne peut conserver tous ces moments précieux, la relecture du journal pourra témoigner de l'évolution de notre vie intérieure.

La fréquence de la relecture du journal de rêves peut varier selon les besoins. Une fois par semaine ou par mois nous permet d'identifier les rêves récurrents et les rêves prémonitoires. Tandis que la relecture annuelle aide à prendre conscience du chemin parcouru et nous encourage à poursuivre.

La mission personnelle

À différentes étapes de notre vie, un questionnement surgi parfois au sujet de notre mission personnelle. Les interrogations varient dans leur formulation, mais s'orientent dans la même direction : Quel est le but de ma vie ? Pourquoi suis-je ici ? Comment puis-je me réaliser ?

La recherche de notre raison d'être est une démarche essentielle pour arriver à un épanouissement complet de toutes nos potentialités[1]. Que ce soit des habiletés physiques, des aptitudes intellectuelles ou des dons créatifs, nous possédons tous certains talents. Sous forme d'intérêts nouveaux ou de passions anciennes, ces capacités s'actualisent de différentes façons et nous pouvons même gagner notre vie tout en développant ces talents.

Comment identifier notre mission personnelle ? Dans quelle direction porter notre regard pour amorcer

---

1. Gratton, Nicole. *Découvrez votre mission personnelle*, Éditions Un monde différent.

cette découverte aux multiples aspects ? Deux moyens simples s'offrent à nous : l'observation des signes de jour et l'analyse des rêves de nuit. Ainsi, 24 heures sur 24, nous pouvons détecter des indices révélateurs dans notre quotidien.

Avec les signes de jour, il suffit de porter une attention spéciale aux coïncidences et aux synchronicités[2]. Ces événements qui se manifestent de façon inattendue comportent des réponses parfois très surprenantes.

À titre d'exemple, Josée, infirmière depuis 15 ans, se questionne sur la pertinence d'un changement de carrière. Son travail a perdu toute la saveur des premières années. La routine est devenue astreignante et même terriblement ennuyante. Elle craint ainsi une dépression si elle n'ose pas faire quelque chose le plus tôt possible. Se rendre au bureau lui demande un effort tel que le soir, elle n'a plus d'énergie pour entreprendre des activités intéressantes ou des loisirs agréables. Une synchronicité assez étonnante se présente alors : le matin, en conduisant sa voiture pour se rendre au travail, elle entend à la radio le témoignage d'une personne ayant reçu des soins en

2. Boucher, Paule. *Les signes de jour*, Éditions Le Dauphin Blanc.

massothérapie. Rendue au bureau, elle trouve une publicité sur un cours de massothérapie qui se donne dans sa région. Plus tard, un client se présente et lui mentionne son travail actuel : il est massothérapeute. Josée s'empresse alors de le questionner. Par les réponses qu'elle reçoit, elle sent en elle une flamme qui s'allume, car le corps humain l'a toujours fascinée. Un enthousiasme nouveau l'incite à explorer plus à fond cette avenue qui s'ouvre à elle.

Les rêves de nuit sont aussi des indicateurs précieux pour bénéficier d'une perspective élargie de nos expériences quotidiennes. Si un changement se présente dans notre vie éveillée, un rêve bilan nous offrira alors un aperçu des conséquences futures. Dans le choix d'une nouvelle carrière, par exemple, le rêve informatif pourra nous guider vers le bon choix. Il suffit de questionner notre conscience onirique, celle qui veille la nuit pendant que nous dormons. La technique consiste à formuler un postulat de rêve qui précise la nature de notre demande. En voici des exemples : «Cette nuit, je reconnais le talent avec lequel je peux servir l'humanité. Cette nuit, je découvre ma vraie passion. Cette nuit, je connais la prochaine étape dans ma mission personnelle.»

Au réveil, il suffit de noter les images ou les scénarios de rêves. Une fois que certains indices sont identifiés grâce à l'analyse, il suffit de faire des liens avec les préoccupations de la veille. Ensuite, on tente de capter une vision claire des résultats potentiels et, à la dernière étape, essentielle à l'actualisation de la vision, il faut passer à l'action.

Découvrir notre mission personnelle est une démarche enrichissante pour apprendre à nous connaître, relever de nouveaux défis et développer des aptitudes cachées. En tant qu'âme, nous sommes des êtres illimités et créatifs. Il est alors possible d'améliorer la qualité de notre vie en suivant les élans du cœur et les aspirations spirituelles qui nous habitent.

Accomplir sa mission personnelle, c'est sentir la joie d'être au bon endroit, au bon moment, avec les bonnes personnes. Que ce soit la maman comblée de prendre soin de sa famille, le conseiller heureux de servir ses clients, l'enseignante enchantée des résultats de ses élèves ou le président satisfait de son entreprise, chacun occupe la place qui correspond à son plan de vie puisque la joie du moment présent en témoigne. Mettre ses talents au service des autres

est l'ultime bonheur. Les signes de jour et les rêves de
nuit nous y conduisent inévitablement.

CHAPITRE 4

Les rêves télépathiques pour communiquer

Qui sont ces personnages qui apparaissent dans nos rêves? S'agit-il d'aspects cachés de soi qui tentent de se dévoiler? Est-ce une communication avec des gens réels ou même avec des personnes décédées? Pouvons-nous expérimenter la télépathie en rêve?

Voyons d'abord la définition de la télépathie : transmission de pensée à distance entre deux ou plusieurs personnes. Ce mot vient du grec tele (loin) et pathos (sentiment). De nombreuses études ont apporté des preuves irréfutables de ce phénomène connu. Une auteure québécoise, Danielle Fecteau, a écrit un excellent livre sur le sujet[3].

Le célèbre psychiatre, Carl Gustav Jung, fait mention des rêves télépathiques dans son livre *L'Homme à la découverte de son âme* : «Bon gré mal gré, il nous faut, par ailleurs, accorder au phénomène télépathique le rang de déterminante possible du rêve. L'on ne saurait aujourd'hui douter de la réalité générale de ce phénomène. Il est évidemment bien simple, en se refusant à l'examen des matériaux qui en témoignent, de nier son existence ; mais c'est là une attitude bien peu scientifique, qui ne mérite aucune considération. J'ai eu l'occasion de constater que les phénomènes télépathiques exercent également une influence sur les rêves ; depuis les temps les plus reculés nos ancêtres l'affirmaient. Certaines personnes sont à ce point de vue particulièrement réceptives et ont fréquemment des rêves d'un caractère télépathique marqué.»

---

3. Fecteau, Danielle. *Télépathie*, Éditions de l'Homme.

Le phénomène de la télépathie par le rêve est maintenant une réalité prouvée. Un des chercheurs audacieux qui a permis de valider les rêves télépathiques est le docteur Montague Ullman. Ce psychiatre de renommée mondiale fut directeur du département de psychiatrie du Maimonides Medical Center de New York où il mit en place, en 1961, l'un des premiers laboratoires du sommeil dédié à l'étude expérimentale des rêves et de la télépathie.

Montague Ullman et Stanley Krippner ont réalisé des travaux dans le but de vérifier si le sommeil pouvait favoriser les perceptions extrasensorielles (PES). Le protocole se présentait ainsi : lorsqu'une personne chargée d'être le récepteur dormait, ses périodes de rêve étaient détectées à partir des observations des ondes cérébrales et de mouvements oculaires rapides. On proposait alors à une autre personne, l'émetteur, de se concentrer sur une cible donnée, dont une image choisie au hasard. Le récepteur était ensuite réveillé à la fin de son rêve et il devait décrire ce dernier. Ce protocole d'expérimentation se déroulait quatre à cinq fois par nuit. Les résultats obtenus furent concluants. Il y eut 102 bonnes réponses et 48 fausses. Le taux de succès fut donc de 68 % et pouvait atteindre 73 % à certains moments.

Pour observer les différentes possibilités concernant les rêves télépathiques, voyons trois principales composantes : les personnages symboliques, des contacts directs et des acteurs virtuels.

Les personnages symboliques

Dans certains rêves, les personnages représentent des aspects cachés de soi. Ces êtres aux multiples caractéristiques, selon le scénario du rêve, servent à mettre en évidence une partie de soi qui ne peut s'exprimer durant le jour.

Un des messages que nos personnages intérieurs tentent de nous transmettre est de nous faire réaliser que nous sommes plus que ce qu'il paraît. Au-delà d'une image exemplaire, nous avons parfois des côtés sombres. Au-delà de nos faiblesses, nous avons une nature divine illimitée. Au-delà d'un rôle reconnu en tant que parent, travailleur, artiste ou autre, nous sommes un être en évolution, en perpétuel changement.

Nos personnages de rêves ont beaucoup à dire. Ils sont le reflet de deux instances de notre psyché : l'ego et l'âme. Commençons par le côté moins reluisant de la personnalité humaine : l'ego.

L'ego est la partie sombre de la psyché humaine. Il est exigeant, impatient et fait tout pour obtenir ce qu'il souhaite. Il provoque des rêves où l'on réalise nos souhaits les plus secrets, nos désirs les plus ardents ou nos attentes les plus grandioses. Parfois tragiques, ils sont aussi le théâtre de mises à mort visant à éliminer ce qui dérange.

Les rêves générés par l'ego sont de différentes natures. Ils peuvent être tantôt simples et légitimes, tantôt surprenants et audacieux :

- Désir de richesse : rêver que l'on gagne à la loterie.

- Désir de pouvoir : rêver que l'on dirige un empire.

- Désir de séduction : rêver que l'on fait des conquêtes amoureuses.

- Désir de liberté : rêver que l'on voyage dans plusieurs contrées.

- Désir de reconnaissance : rêver qu'on côtoie des célébrités.

L'ego tente aussi d'éliminer ce qui le dérange. Ce sont les rêves où l'on fait mourir quelqu'un ou quelque chose, de façon symbolique :

- Écraser un insecte nuisible

- Assister aux funérailles d'une personne connue

- Tuer un intrus qui envahit la maison

- Voir un cataclysme qui détruit tout sur son passage

Parfois, notre nature colérique s'exprime par un personnage de rêve autre que soi : le voisin grincheux, la cousine effrontée ou le directeur intransigeant. Nos rêves peuvent aussi nous révéler le héros qui dort en chacun, l'artiste qui ne demande qu'à créer, le fanfaron qui veut rire et danser, etc. Gentils personnages ou méchantes créatures, ils tentent de nous mettre en contact avec des aspects cachés de nous-mêmes pour nous aider à mieux communiquer avec ces caractéristiques ignorées ou voilées.

La contrepartie de l'ego est l'âme. Elle vit dans l'instant présent et se laisse fasciner dans la joie et la spontanéité du moment. L'âme s'anime devant les événements qui lui font découvrir des sentiments nouveaux, des connaissances inhabituelles et des aptitudes originales.

L'âme est à l'aise dans l'inconnu et l'incertitude et nos rêves nous permettent d'en prendre conscience. Ainsi, nos personnages oniriques peuvent être le reflet de notre partie divine, l'âme. Les qualités spirituelles sont mises en action la nuit :

- L'amour : observer des personnes qui s'amusent ensemble.

- La sagesse : écouter un guide aux conseils judicieux.

- La liberté : rêve d'envol avec aisance.

- La générosité : rêve où quelqu'un donne sans condition.

Le sommeil libérateur qui affranchit l'âme durant quelques heures chaque nuit est un cadeau divin. En effet, sans les barrières des nombreuses fausses croyances de la conscience vigile, nous parvenons, en rêve, à une vision globale de nous-même. Nous quittons momentanément notre personnalité diurne pour accéder à notre véritable identité. Ces instants sont sacrés.

L'âme, libérée de son véhicule lourd et grossier — l'enveloppe physique — s'envole et visite des lieux inspirants et transcendants. Nos forces intérieures sont stimulées pour faire face aux défis de la vie quotidienne. Revitalisés en énergie subtile, nous sommes alors mieux outillés pour mettre à exécution notre plan de vie et ses objectifs spirituels.

En tant qu'âme, nous possédons une mission individuelle et seules les actions accomplies dans cette perspective nous procurent une satisfaction profonde et durable.

En plus des personnages intérieurs qui sont le reflet sombre ou lumineux de ce que nous sommes dans notre dimension intérieure, le rêve offre une autre composante intéressante : des contacts directs[4].

Des contacts directs

Les rêves télépathiques avec les autres nous mettent en contact réels avec les personnes. Nous les voyons en rêve généralement telles que nous les connaissons de jour. Cependant, les actions dans le rêve peuvent être symboliques.

Les personnes vivantes avec lesquelles nous interagissons dans la vie diurne peuvent nous visiter la nuit. Ces rencontres oniriques offrent des informations sur différents aspects de la relation :

- Un lien se solidifie ou se rompt : voir en rêve une corde incassable ou fragile.

- La communication est bonne ou mauvaise : rêver d'un téléphone fonctionnel ou défectueux.

---

4. Boucher, Paule. *Rêves et Télépathie*, Éditions Le Dauphin Blanc.

- La synergie est présente ou absente :
  rêver à un jeu où tout le monde gagne ou
  certains perdent.

- Un conflit se résout ou perdure : rêver à
  la paix ou à la guerre.

Nous pouvons voir en rêve des personnes décédées.
Même si parfois ce sont des rêves de compensation
pour équilibrer le manque, certains de ces rêves sont
de nature télépathique. Il s'agit alors d'un contact
intérieur d'âme à âme.

Les rencontres en rêve avec des êtres chers sont très
précieuses. Elles permettent de prendre des nouvelles
de celui ou celle qui a quitté ce monde. Un tel privilège peut offrir des réponses à certains questionnements : Où va-t-on après la mort ? Que se passe-t-il
dans l'autre dimension ? Comment se sent-on en tant
qu'esprit ?

Les rêves télépathiques avec un être décédé favorisent
aussi des guérisons intérieures face au vécu avec cette
personne : régler un passé non terminé, exprimer
un amour non dit ou réprimé, réparer une blessure

émotionnelle, harmoniser une relation conflictuelle, pardonner, etc. Ces rêves sont d'une grande utilité pour atténuer un deuil difficile[5].

La troisième composante reliée aux personnages qui sont présents dans nos rêves concerne les scénarios oniriques servant de pièce de théâtre pour nous faire jouer un rôle. Les personnages sont alors de simples acteurs virtuels.

Des acteurs virtuels

Une autre fonction du rêve avec des personnages connus ou inconnus consiste à mettre en scène des situations particulières pour expérimenter des comportements nouveaux.

Grâce à ces acteurs virtuels qui jouent dans notre cinéma intérieur, nous pouvons pratiquer et même tout oser à notre aise.

Lorsque nécessaire, le rêve devient un laboratoire virtuel pour découvrir, vérifier ou nous entraîner. Dans l'intimité de nos nuits, tout est possible.

---

5. Lapensée, Micheline. *Rêves et Deuil*, Éditions Le Dauphin Blanc.

Sur la scène de notre théâtre de rêve, les personnages virtuels permettent de créer le scénario idéal dans le but de nous faire découvrir des aptitudes ignorées :

- Le médiateur : dans une situation conflictuelle à harmoniser.

- Le chef : dans un projet à développer en groupe.

- Le protecteur : dans une scène de sauvetage.

Certaines nuits, ce sont des rêves de vérification qui se pointent avec des acteurs qui simulent des probabilités futures :

- Pratiquer différentes façons de réagir à la colère des autres.

- Tester des arguments pour faciliter la vente d'un produit.

- Essayer des stratégies pour favoriser la synergie de groupe.

À d'autres moments, le rêve et ses complices facilitent l'intégration de nouvelles attitudes émotionnelles. Par la pratique onirique, nous évoluons plus rapidement :

- Faire montre de patience devant un groupe rebelle.

- Oser demander de l'aide pour éviter une dépression.

- Expérimenter l'humilité devant un échec.

- Apprendre à donner sans attente en retour.

- Nous affirmer parmi des personnages autoritaires.

En regardant l'ensemble de nos rêves, nous pouvons y découvrir des cadeaux inestimables. Ils représentent souvent le miroir parfait pour refléter des aspects cachés de notre personnalité. Ils sont aussi un moyen de communication idéal pour dire ou entendre soit des messages ou des vérités non exprimés durant le jour.

De plus, les rêves offrent gratuitement toutes les nuits un laboratoire pour faciliter l'expérimentation et l'intégration. Le vécu de nuit se juxtapose à celui de jour pour faire de nous des êtres plus complets.

Nous pouvons être des rêveurs passifs et subir nos nuits avec des rêves récurrents non compris ou des cauchemars non réglés. Nous pouvons aussi devenir des rêveurs actifs et profiter de nos nuits pour évoluer.

CHAPITRE 5

Les rêves spirituels pour évoluer

Lorsque le corps dort, l'âme s'envole. Où va-t-elle durant ces voyages nocturnes? Que se passe-t-il dans ces envolées oniriques? Pourquoi sommes-nous si régénérés et confiants en l'avenir après une bonne nuit de sommeil? Autant de questions qui nous amènent à valider la valeur spirituelle des rêves et à entrevoir la possibilité d'une expérience transcendante durant le sommeil.

Les rêves spirituels sont des expériences de l'âme vécues dans les dimensions subtiles de la conscience. Cette étincelle de vie visite chaque nuit les différentes dimensions intérieures, dont les plans émotionnel, mental et spirituel. Chacun de ces plans de conscience offre un territoire d'expérimentation relié aux émotions, à l'intellect et à la créativité.

L'âme est une entité heureuse. Puisqu'elle est immortelle, invincible et illimitée, tout devient possible durant ses voyages intérieurs. Le monde du rêve étant un lieu où les limites humaines sont transcendées, l'âme s'amuse à créer des images qui reflètent son potentiel illimité. Ceci explique les contenus inusités, parfois lumineux et même hautement inspirants de certains de nos rêves. Nous sommes des êtres de lumière et nos origines divines réapparaissent dans nos expériences de nuit.

Un moment de liberté

Le sommeil libérateur ouvre toutes grandes les portes de l'imaginaire, de la fantaisie et de la créativité. L'âme s'y promène et en rapporte des idées inspirantes et stimulantes. Dans la dimension émotionnelle, la conscience voyage en toute liberté et y capte l'inspiration nécessaire pour créer et innover. Les artistes y trouvent matière à création. Une œuvre visuelle ou sonore jaillit de la nuit pour ensuite être exprimée dans la réalité de jour.

Grâce à l'espace émotionnel que le rêve met à notre disposition, nous pouvons y ventiler les émotions refoulées de jour. Le rêve compensateur fait en sorte que les sentiments réprimés ou mal acceptés durant l'éveil se libèrent durant le sommeil. Grâce à cette soupape de sécurité, nous retrouvons l'harmonie intérieure essentielle à notre équilibre.

Sur le plan mental, nous avons accès à l'univers de l'intellect et de la pensée. Les personnes qui se consacrent à l'avancement de l'humanité visitent régulièrement cette sphère de connaissance afin d'y puiser les informations nécessaires pour contribuer à l'évolution humaine. Les rêves télépathiques y sont monnaie courante pour faciliter la communication entre les âmes intéressées par les mêmes sujets ou engagées vers les mêmes objectifs.

Affranchi des limites humaines, l'esprit du rêveur visite en toute liberté les dimensions de la conscience pour découvrir des réponses à ses préoccupations de jour. La créativité se déploie spontanément afin d'accéder aux multiples solutions potentielles. Nous y découvrons des semences d'espoir pour neutraliser les doutes et les peurs.

Grâce aux rêves d'exploration, nous magasinons des idées inspirantes pour nourrir l'enthousiasme et la joie de vivre, sans oublier l'audace et le courage.

La liberté mise à notre disposition durant le sommeil dépasse les limites temporelles. En effet, le rêve transcende le temps : passé, présent et futur deviennent accessibles et peuvent être réunis dans un scénario unique. La cause appartenant au passé lointain jumelée aux images du présent avec une conclusion résultant du futur potentiel est parfois présente dans un même rêve, sinon dans une même nuit.

Les rêves prophétiques sont plus fréquents qu'on oserait l'imaginer. Le sentiment de déjà vu témoigne de ce phénomène. Lorsque nous avons l'impression de revivre une seconde fois un événement, il est possible que ce soit parce que cette scène a déjà été vécue dans un rêve prophétique. La réalité éveillée devient une reprise d'un scénario onirique.

Régulièrement, le rêve nous projette ainsi dans un avenir potentiel en nous montrant des circonstances qui deviendront possibles si nous maintenons les conditions actuelles.

Les rêves prophétiques sont utiles pour comprendre les conséquences de nos actions présentes afin de se réajuster au besoin. Il suffit alors de modifier le présent soit avec une attitude à adopter, une parole à transmettre ou une action différente à poser pour que le futur en soit directement affecté. À tout instant nous créons un futur potentiel directement relié aux pensées, paroles et actions présentes.

Comme le dit si bien John Wheeler, physicien et gagnant du prix Nobel : «Nous ne sommes pas simplement des spectateurs sur une scène cosmique, mais des façonneurs et des créateurs vivant dans un univers participatif». Ce bouquin joliment illustré et tiré du film anglais *What the Bleep do we Know* établit un pont intéressant entre la science et la spiritualité pour mettre en valeur le pouvoir de la conscience.

Des expériences de l'âme

Entre le cauchemar troublant et le grand rêve inspirant, l'âme explore les multiples facettes de la personnalité et de l'individualité. Les souffrances et les joies se côtoient dans une symphonie d'images reflétant les craintes et les espoirs, les douleurs passées et les guérisons futures.

Amour, sagesse et liberté font partie de notre bagage spirituel. En vivant pleinement chaque moment de la nuit, nous expérimentons et intégrons ces qualités divines. L'âme est une entité heureuse et nos rêves peuvent servir d'outils pour prendre conscience de cette prémisse.

Dès qu'un rêve nous dévoile un lieu d'une grande beauté, des personnages bienveillants ou des actions stimulantes, nous pouvons accueillir avec joie ces images qui nous révèlent notre potentiel divin. Nous sommes des êtres de lumière, des maîtres en devenir, des héros et des princes. Si nous l'avons oublié, nos rêves spirituels se chargent de nous hisser dans les hauteurs dignes de nos origines divines.

Plus nous reconnaissons, acceptons et validons la manifestation des rêves spirituels lors de nos aventures de nuit, plus ceux-ci deviennent fréquents afin de guider nos pas vers une évolution consciente. L'âme vit 24 heures sur 24. N'ayant pas besoin de repos comme le corps physique, l'âme s'envole librement dans les univers subtils et observe ses créations intérieures. Elle y détecte, dans le but de les neutraliser ultérieurement, les peurs et les craintes qui obscurcissent sa vision.

Nous évoluons de jour comme de nuit. L'acceptation de notre divinité offre un passage à l'expression de la beauté intérieure qui tôt ou tard se manifestera dans notre vie extérieure. La pureté des émotions et la noblesse des pensées en seront le résultat le plus éloquent.

Une porte sur l'Au-delà

À l'intérieur de chaque individu existe un centre d'activité créatrice qui tend vers la multiplicité et l'abondance. En explorant nos rêves, nous y découvrons des semences d'action qui engendrent le désir d'une vie plus exaltante et plus productive. Dans nos moments de désarroi et d'égarement, il est bon de savoir que la lumière luit au bout du tunnel. Dans les pires moments de détresse, une étincelle d'espoir brille dans l'obscurité de la désolation.

Un scénario de rêve où nous retrouvons un joyau précieux laisse entrevoir la possibilité de récupérer une richesse intérieure comme la liberté, la sagesse ou l'amour. Les scénarios comportant une fin heureuse procurent un sentiment d'espoir.

En portant une attention particulière à nos rêves spirituels, en les reconnaissant pour leur valeur inspirante et en les favorisant par l'induction ou les postulats, nous ouvrons tout doucement la porte sur une réalité nouvelle. Cette réalité subjective reliée aux dimensions infinies de la spiritualité nourrit l'âme durant son périple de retour à la Source.

Différents scénarios de rêves peuvent illustrer les envolées dans la dimension de l'esprit :

- Visiter des lieux où les routes sont pavées de joyaux précieux.

- Chanter avec une voix harmonieuse qui guérit.

- Se baigner dans des eaux énergisantes.

- Rencontrer des êtres de lumière.

- Suivre des enseignements hautement spirituels.

- Observer des fleurs aux couleurs extraordinaires.

- Entendre des chorales dont les voix sont angéliques.

- Savourer des mets dont les saveurs sont inconnues ici.

- Étudier avec des guides.

- Explorer le grand Vide qui génère un état d'extase intérieur.

- Vibrer en harmonie avec des paysages naturels de grande beauté.

Le privilège de vivre ces expériences étonnantes qui sortent de la routine des rêves ordinaires offre un sommeil plus inspirant.

En apprivoisant la nature spirituelle de nos rêves, nous redonnons à notre vie une saveur nouvelle. Les vitamines intérieures que nous procurent nos envolées nocturnes revitalisent nos corps épuisés par le stress quotidien, les doutes et les peurs.

La recherche du bonheur et la quête de la vérité nous conduisent sur des chemins inconnus parsemés de pièges. La nuit nous offre alors une vue de surplomb idéale pour repérer ces embûches. En analysant nos rêves, nous identifions le filet des émotions qui ralentit nos pas incertains. Nous pouvons alors débusquer la mauvaise attitude mentale qui gêne notre capacité d'agir ou identifier les écueils de l'intellect qui faussent notre perception.

Les rêves nous parlent de liberté à reconquérir et de sagesse à cultiver. Ils nous entretiennent sur les vérités de la vie. Avec une oreille attentive et un œil vigilant, nous pouvons saisir les trésors de la connaissance.

Les rêves spirituels sont aussi une source intarissable d'amour. L'énergie divine nous enveloppe de son manteau de compassion afin de nous protéger de la froideur du monde matériel.

En sondant les dimensions de la conscience de nuit, nous devenons des explorateurs spirituels. Notre audace nous conduit vers des horizons nouveaux qui illuminent notre vie de jour. Il suffit de valider nos rêves de dépassement et de victoire, qui sont les témoins de notre courage[6].

---

6. Gratton, Nicole. *Rêves et Spiritualité*, Éditions Le Dauphin Blanc.

CHAPITRE 6

Journal de rêves pour comprendre

Tout le monde rêve et nous pouvons ramener de 5 à 6 scénarios par période de 8 heures de sommeil. Comment pouvons-nous profiter des informations qu'ils contiennent pour améliorer notre vie d'éveil?

De rêveur passif, celui qui ne fait rien de ses rêves, on peut devenir un rêveur actif, celui qui profite des messages, des conseils, des avertissements et des espoirs qui s'y trouvent. Avec un minimum de temps et d'énergie, il est possible d'obtenir un maximum de résultats. Une bonne dose de discipline, une méthode bien structurée et un puissant désir de réussir seront les ingrédients nécessaires pour atteindre les objectifs fixés.

Les étapes suggérées sont les suivantes : améliorer la mémoire du rêve, prendre le temps de noter les images qui subsistent au réveil et gérer efficacement un journal de rêves. Chacune de ces phases se développe au rythme des capacités individuelles.

En solidifiant les acquis actuels avec la méthode que vous possédez déjà, puis en y ajoutant les éléments mentionnés, se développeront des habiletés étonnantes qui ne demandent qu'à être actualisées.

Une personne qui se souvient d'un rêve par semaine commencera par travailler sur le rappel quotidien des images. Par la suite, elle pourra tenir un journal de rêves avec le plus de détails possible.

Il est aussi recommandé de pratiquer l'induction de rêve, qui consiste à choisir un postulat de rêve.

Les postulats sont des formulations d'action que l'on désire accomplir durant le sommeil. Le but de l'induction onirique est de stimuler l'intérêt tout en apportant la preuve que le rêve aide à résoudre les problèmes quotidiens.

La mémoire du rêve

La mémoire étant une faculté qui s'améliore, nous pouvons l'exercer à retenir les images nocturnes. Tel un muscle qui se tonifie avec l'entraînement, la mémoire du rêve augmente avec l'habitude de noter tout ce qui subsiste au réveil : les impressions visuelles, les sensations auditives et les perceptions intuitives.

Tout rappel sera utile pour faire un lien significatif avec la réalité de jour. Une image impressionnante, une parole inspirante ou un personnage aidant sont des éléments précieux pouvant nous guider vers la résolution d'un problème ou l'inspiration d'une action juste à poser.

Une façon simple et efficace d'augmenter la mémoire du rêve est de garder les yeux fermés au réveil tout en demeurant immobile. On dirige ensuite nos pensées sur les impressions et les sensations qui persistent en se posant la question suivante : «À quoi ai-je rêvé cette nuit?» Une image ou une scène pourra alors jaillir des profondeurs de la nuit.

Si rien n'apparaît, on change de position dans le lit tout en gardant les yeux clos. Ce petit manège fait appel à la mémoire corporelle qui nous livrera un rêve fait dans la position retrouvée. Peu à peu, un scénario se construit et le rêve entier revient. Avec de la patience et une bonne réceptivité, d'autres scènes peuvent remonter en provenance de l'activité onirique du début de la nuit.

La mémoire du rêve peut aussi s'activer durant la journée suite à un geste posé ou une parole entendue. Des déclencheurs de mémoire nous arrivent ainsi durant le jour. Il est alors important de noter les images immédiatement, car elles risquent de disparaître à nouveau.

Si les réveils sont plutôt turbulents et que le temps de réflexion n'est pas disponible, il est recommandé d'attendre plus tard pour récupérer des bribes de rêves.

Pour certaines personnes, ce sera dans le calme de leur lieu de travail que la mémoire du rêve s'activera. Dans cet environnement calme, loin du brouhaha du lever, les pensées se recentrent et la mémoire du rêve devient accessible. Il est alors souhaitable d'en prendre note à ce moment-là, car plus la journée avance, plus les détails s'estompent.

La mémoire du rêve est comme un muscle. Plus il est utilisé, plus il devient fort. Ainsi, avec le temps, un nouveau réflexe s'installe. Au réveil, l'attention se porte sur la nuit. Des images ou des sensations peuvent ainsi remonter à la conscience de jour. Il suffit de se poser la question suivante : «À quoi ai-je rêvé cette nuit?»

La gestion du journal de rêves

L'efficacité d'un journal dépend des éléments qui le composent. Plus la structure sera claire et complète, plus l'analyse en sera facilitée[7].

La méthode suggérée ici comprend cinq éléments de base :

---

7. Gratton, Nicole, *Mon journal de rêves*, Éditions de l'Homme.

1. La date.

2. Les événements de la journée (les principaux).

3. Le postulat de rêve (induction pour orienter la nuit).

4. La narration du rêve et son titre.

5. Le sentiment final à la dernière scène.

1. La date

Elle est importante et inclut le jour, le mois et l'année. Ce détail peut aider ultérieurement à faire un recoupement entre certains événements. À titre d'exemple, un rêve récurrent de menace peut se manifester tous les dimanches, suite à l'angoisse de retourner au travail le lendemain. La date permettra aussi de vérifier le délai de manifestation d'un rêve prémonitoire.

2. Les événements de la journée

L'élément suivant consiste à noter deux ou trois événements importants de la journée. Ceci permet de connaître le contexte de vie qui prévalait durant

cette journée. Était-ce une journée calme ou tumul-
tueuse? Un livre ou un film a-t-il été impression-
nant? Y a-t-il eu des moments de bonheur ou de
tristesse? Puisque les rêves sont le reflet du vécu
de jour, ils dépendent du contexte de vie de la personne. Cette information aidera à orienter l'analyse
dans la direction juste.

3. Le postulat de rêve

La troisième étape concerne l'induction de rêve. Il
suffit d'inscrire un postulat ou une demande en relation avec les préoccupations ou désirs du moment. La
formulation pour induire un rêve se fait à partir d'un
énoncé court contenant un verbe d'action : «Cette
nuit, je vais...»

Les ingrédients pour réussir un postulat de rêve
sont :

- Un désir sincère, venant du cœur.

- Une intention noble, pour le bien de tous.

- Un besoin prioritaire, selon les nécessités
  du moment.

Des explications détaillées et des exemples de postulats de rêves sont présentés à la fin de ce chapitre.

4. Le rêve et son titre

Lorsque le rêve revient en mémoire, on note le scénario au présent :

« Je marche calmement sur le trottoir dans une ville inconnue. Soudain je vois des hommes vêtus de combinaisons noires. Ils décident de me poursuivre. J'ai très peur. Je cours dans les ruelles avoisinantes et soudain, je vois un escalier de secours qui donne accès à une porte de couleur orange. Je décide de monter à toute vitesse. Mes agresseurs m'ont perdue de vue. Je suis saine et sauve. Je me sens soulagée. »

Cette méthode permet de demeurer dans l'action du rêve pour mieux l'analyser par la suite. Si le scénario est très long, il n'est pas nécessaire de tout inscrire, car la tâche risque de devenir trop ardue et de démotiver le rêveur. Un résumé qui tient compte de l'action principale fera aussi l'affaire : « Je suis poursuivie. Je monte dans un escalier de secours et je sème mes agresseurs avec soulagement. »

Avec la synthèse du rêve, l'essentiel est conservé et nous connaissons le dénouement final, qui est d'ailleurs la partie la plus importante. Le pire des cauchemars qui se terminent par une fin heureuse témoigne d'une victoire devant la menace, d'une réussite devant l'adversité.

L'élément à ajouter avec la description de l'action est le titre. On nomme ainsi le rêve afin qu'il soit personnalisé. Le titre contiendra l'élément fort du rêve, un détail important ou une synthèse du scénario. Voici trois possibilités de titre selon l'angle choisi :

- La poursuite

- L'escalier de secours

- Les agresseurs semés

Cette information facilitera la relecture du journal, car le titre est souvent un rappel instantané du contenu du rêve et permet de saisir l'essence même du message. De plus, le titre aidera à l'analyse qui s'orientera selon le thème choisi : « La poursuite » met l'accent sur l'action, « L'escalier de secours » sur le moyen et « Les agresseurs semés » sur la finalité.

5. Le sentiment final

La dernière composante de la description du rêve est la plus importante : le sentiment à la fin du rêve. Quelle est l'émotion qui termine le scénario onirique ? Quel sentiment persiste à la dernière scène du rêve ? Est-ce de la joie ou de la peur, un soulagement ou une frustration, l'espoir ou le découragement ? Cette information est essentielle à l'analyse du rêve.

L'émotion finale permet de repérer le véritable contenu du rêve qui se camoufle parfois dans une histoire aux allures absurdes ou totalement ridicules.

Dans le cas du rêve concernant la poursuite, on peut se poser la question suivante : « Avec ce qui me poursuit en ce moment (hommes menaçants), ai-je le potentiel de réagir assez vite (monter l'escalier de secours) pour éviter la menace (soulagement) ? » Est-ce une situation risquée, une personne envahissante, une attitude négative ou peut-être même une émotion dangereuse ? Seul le rêveur peut répondre à cette question.

Le sentiment final nous situe face à nos comportements en nous donnant l'heure juste sur les émotions qui prévalent dans notre vie d'éveil. Suis-je passif et impuissant devant le danger? Ai-je des ressources pour affronter une situation embarrassante? Puis-je observer la scène avec détachement et objectivité? Le sentiment final témoigne du potentiel d'action devant toute éventualité heureuse ou malheureuse.

Avec les cinq composantes : date, événements de jour, postulat de rêve, rêve titré et sentiment final, nous sommes en mesure de faire un lien avec le vécu de la journée qui se juxtapose au contenu onirique. Plus tard, avec le recul du temps, on analyse le tout pour en extraire des informations précieuses et des idées originales qui seront utiles pour améliorer la vie de jour.

Afin de mieux apprécier le travail accompli et les progrès réalisés, il est essentiel de relire régulièrement notre journal de rêves. Une relecture mensuelle permet une compréhension globale. De plus, cela offre l'opportunité de faire des découvertes étonnantes, dont celle de repérer des rêves prophétiques. Ces derniers sont utiles pour nous préparer longtemps à l'avance à des événements à venir, joyeux ou tristes, afin de mieux les vivre ou les assumer.

Puisque la majorité des rêves sont oubliés rapidement même s'ils sont notés, la relecture nous permet de revivre ces scénarios intrigants qui, tout à coup, prennent un sens nouveau. Le recul du temps facilite le décodage des symboles de nos rêves en comprenant entre autres la présence de tel personnage et le développement de tel scénario.

Le rêve se compose d'impressions et de sensations emmagasinées dans notre subconscient à partir d'expériences marquantes du passé. Puis, des images récentes se rajoutent, issues du quotidien en provenance d'une conversation, d'un film ou d'un passage de livre. Le tout est assaisonné d'impressions appartenant à nos expériences antérieures ou à des probabilités futures. Cela est possible puisque le rêve nous projette aisément dans le passé ou le futur grâce à la disparition des barrières temporelles.

Les matériaux de construction issus de la journée servent à créer une histoire propice à nous faire comprendre un message, nous donner un conseil ou nous

offrir une perspective élargie de notre vécu émotionnel ou intellectuel. À saveur d'avertissement lorsque
nous avançons en terrain risqué, ou d'encouragement
lorsque nous évoluons dans la bonne direction, le
rêve nous guide inlassablement chaque nuit. Il nous
aide à atteindre nos objectifs individuels et à chemi-
ner vers des horizons de plus en plus lumineux.

Tantôt télépathique pour mieux communiquer, tantôt prophétique pour mieux choisir, le rêve demeure
notre meilleur allié et notre précieux conseiller.

Le postulat de rêve

En plus de noter nos rêves au réveil, nous pouvons
faire un pas de plus pour devenir un rêveur actif. Il
s'agit de préparer nos nuits comme nous préparons
nos journées. Chaque matin, nous décidons du programme de la journée : lever, repas, travail, sorties et
loisirs. Chaque nuit, nous pouvons aussi planifier des
activités oniriques qui se dérouleront dans le monde
intime du sommeil. N'oublions pas que lorsque le
corps dort, l'âme s'envole. Elle expérimente dans les
dimensions subtiles de la conscience. L'âme ne dort
pas. Elle est opérante 24 heures sur 24.

Le rêveur actif est celui qui investit dans ses nuits pour rentabiliser ses actions de jour. Il découvre le potentiel de ressourcement du sommeil et la valeur significative des rêves. La nuit le met en contact avec sa créativité infinie et l'aide à résoudre les problèmes du quotidien. Pour mieux en profiter, il suffit de donner une orientation à son sommeil en induisant une demande précise reliée au vécu de jour.

L'induction du rêve est une technique très ancienne largement pratiquée dans la période de l'Antiquité. Pendant près de mille ans, les gens ont vénéré Esculape, dieu de la médecine, pour recevoir un songe favorable. Des temples étaient érigés à travers le continent grec pour permettre aux pèlerins d'incuber un rêve d'information, d'inspiration ou de guérison. À l'aide de nombreux rituels et de prières ferventes, ils recevaient un grand rêve. Ce songe leur apportait l'aide demandée.

De nos jours l'induction se pratique dans l'intimité de notre chambre à coucher au moment de sombrer dans le sommeil réparateur.

La méthode consiste à prendre un cahier et à y inscrire la demande souhaitée ou l'orientation désirée.

Une phrase courte mais directe suffit. Elle se compose au présent avec un verbe actif : « Cette nuit je vais... » Plus de 150 modèles de formulation pour faire un postulat de rêve sont mentionnés dans le livre *Les rêves, messagers de la nuit*[8].

Selon les besoins du moment et les préoccupations quotidiennes, nous pouvons orienter le rêve vers une réponse, un conseil ou une assistance nécessaire à la compréhension de notre vécu. De façon naturelle, le rêve s'occupe d'abord du plus urgent et des priorités du moment. Les inquiétudes de jour seront évacuées afin de libérer l'esprit trop encombré par les tracas journaliers. Puis, les rêves compensateurs s'exprimeront pour ventiler les émotions refoulées. Le reste de la nuit demeure disponible pour combler les attentes du rêveur qui ose induire un rêve.

Nous pouvons donc investir dans nos nuits afin de bénéficier directement des moments de liberté mis à notre disposition par le sommeil. Il suffit de choisir un postulat qui orientera le rêve dans la direction désirée. En voici quelques exemples :

---

8. Gratton, Nicole, *Les rêves, messagers de la nuit*, Éditions de l'Homme.

Cette nuit je vais...

- comprendre pourquoi je ressens de la tristesse ;
- vérifier la cause de mon manque de confiance ;
- pratiquer mon sport favori ;
- communiquer mes intentions à mon partenaire ;
- savoir comment résoudre mon problème financier ;
- développer ma créativité ;
- apprendre à m'affirmer davantage ;
- me ressourcer dans un lieu paisible.

Un désir sincère et une intention noble sont des prérequis pour atteindre nos objectifs. Le désir crée l'énergie nécessaire pour amorcer la réalisation du postulat et l'intention en détermine le degré d'accomplissement. Plus nos intentions sont élevées, c'est-à-dire en harmonie avec le bien de l'Univers, plus nos chances de réussite sont grandes. Le détachement associé à la certitude sera un ingrédient supplémentaire pour la réalisation complète de nos attentes.

Tout comme on se lève le matin avec des projets concrets à mettre à exécution, on peut aller au lit avec des objectifs individuels qui ne demandent qu'à être réalisés. La conscience ne dort jamais, elle veille sans cesse et travaille pour notre bien-être. La récupération psychique que le rêve nous offre gratuitement toutes les nuits peut aussi servir à notre épanouissement émotionnel, mental et spirituel. Il suffit de clarifier nos intentions et d'oser les exprimer.

Celui qui fait des postulats régulièrement devient un rêveur actif. Avec la pratique et la discipline de la tenue d'un journal de rêves, il découvrira l'abondance d'information que le sommeil lui offre. Puis, la relecture régulière lui apportera peu à peu la compréhension nécessaire pour bien en profiter.

CHAPITRE 7

L'analyse des rêves

Dès qu'on s'éveille avec le souvenir d'un rêve, on a parfois l'habitude de faire appel à un dictionnaire de rêves pour en comprendre le sens. Par routine ou par ignorance, car on ne connaît pas d'autre façon, ce réflexe s'accompagne souvent d'un mécontentement qui nous éloigne de nos rêves, car ceux-ci demeurent habituellement incompris.

À titre d'exemple, le rêveur voit un chat dans le déroulement de son scénario onirique. Au réveil, il se précipite sur la vieille «clé des songes» de grand-mère ou sur la version plus moderne d'un diction-naire de symboles achetée récemment. Après avoir lu la définition lui laissant une saveur d'insatisfaction, il partage son inconfort avec une amie qui, à son tour, lui offre de consulter son dictionnaire à elle, suppo-sément formidable. La définition proposée est tout à fait à l'opposé de l'autre interprétation. Quoi faire ? Qui dit la vérité ?

Une clé des songes, est-ce vraiment nécessaire ? En réalité, le contenu du rêve va bien au-delà d'une simple interprétation en provenance d'un seul élé-ment choisi dans le rêve. Cette façon de fonctionner crée davantage de confusion, car chaque dictionnaire ou clé des songes possède son propre symbolisme en provenance de différentes écoles de pensée.

Qu'elle soit dépassée, comme les anciennes clés des songes orientales, ou plus récente, chaque méthode d'interprétation traite les images selon un point de vue particulier. Il est fréquent de trouver des diction-naires à saveur prophétique. Il s'agit alors d'oniromancie, la divination par l'interprétation des rêves, ce qui est bien différent de l'onirologie, l'étude des rêves.

Le *fast food* du rêve

La méthode de consultation à partir du diction-naire est le *fast food* du rêve. Rapidement engloutie, mais malheureusement indigeste, cette technique nourrit peu, car elle ne fait pas appel à la richesse de l'ensemble des éléments oniriques que seul le rêveur connaît. Parmi ces éléments, nous retrouvons l'ambiance du rêve, les émotions ressenties au long du scénario et surtout, le vécu de jour qui influence directement le contenu du rêve.

Les aventures de nuit que nous vivons grâce au rêve, nous dévoile un cinéma nocturne qui met en vedette notre *moi* secret accompagné de ses multiples facettes. Le rêve devient ainsi le révélateur d'une dynamique affective, mentale et spirituelle. Alors comment une simple définition d'un symbole pourrait-il nuancer les nombreuses étapes évolutives du scénario visionné?

En rêve, une série d'émotions se succèdent. Cette suite de sentiments peut aller dans différentes directions : s'intensifier, se dégrader ou s'améliorer. À titre d'exemple, passer de la peur à la confiance, du doute à la certitude, de l'angoisse au détachement, représente une progression importante à reconnaître. Ces transformations vécues durant le rêve influencent par la suite la vie d'éveil. L'évolution des émotions reflète un processus intérieur devant être validé pour favoriser une plus grande maîtrise de notre vie émotionnelle.

Même si les rêves prophétiques font partie de nos aventures nocturnes, peu de rêveurs s'en souviennent au réveil. La meilleure façon de les reconnaître est de tenir un journal de rêves et de le relire régulièrement pour y détecter les rêves qui ont dévoilé le futur[9].

La majorité des rêves au quotidien sont de nature informative et ont pour but de nous donner l'heure juste sur nos forces et nos faiblesses du moment. Ils offrent un éclairage sur nos préoccupations de jour et dévoilent les pièges potentiels semés sur notre route.

De nature télépathique, les rêves nous relient aux personnes importantes qui gravitent dans notre

---

9. Fortin, Carole. *Rêves prémonitoires*, Éditions Flammarion Québec.

environnement. Parfois d'essence plus spirituelle, les voyages oniriques témoignent de nos envolées dans les mondes subtils de la conscience devenus accessibles par le sommeil libérateur.

Qu'ils parlent d'amour ou de guerre, nos rêves reflètent la qualité de nos liens personnels ou professionnels, de nos combats sentimentaux ou intellectuels. Tantôt tristes à cause d'une scène d'échec, tantôt joyeux grâce à un scénario de victoire, ils nous démontrent à la fois notre vulnérabilité humaine et notre pouvoir divin.

Le symbolisme personnalisé

Le rêve est unique et son langage est individuel. Chaque image nous informe, nous inspire ou nous prévient selon un symbolisme personnel créé par nos expériences récentes ou passées. Tout un réseau d'associations visuelles et émotives se met alors en place pour illustrer un concept abstrait qui concerne des actions concrètes de notre vie d'éveil.

Les images constituent un des plus vieux langages de l'humanité. De plus, elles contiennent un bagage d'informations rapidement livrées : une image vaut mille mots !

Tout comme le symbolisme utilisé dans les contes et les mythes, le rêve n'est pas seulement fantaisiste ou imaginaire, mais il est aussi un moyen d'expression permettant d'illustrer par l'image ce qui se vit intérieurement.

Par exemple, le chat vu en rêve est-il l'évocation d'une image plaisante (si on aime les chats) ou désagréable (si on déteste cet animal) ou même menaçante (si on a été blessé par un chat dans le passé) ? Le chat représente-t-il la douceur, l'indépendance ou l'agressivité ? En termes de symbole, le chat illustre une infinité de possibilités reliées à une série d'associations personnelles. Le vécu de chaque personne teinte cette image d'émotions relatives aux expériences antérieures : plaisir ou douleur, amour ou haine, amitié ou adversité.

De plus, le contexte du rêve dans lequel évolue le chat ajoute des éléments importants pour l'analyse en profondeur. Le décor, l'action et les personnages créent une ambiance déterminante pour offrir une piste d'analyse. Où se déroule le rêve : à la maison, au travail, dans un pays lointain ? Avec quelles personnes : amis, collègues, parents ou inconnus ?

En deuxième lieu, il est essentiel d'identifier le comportement du chat et des autres acteurs du rêve. L'animal était-il tendre ou agressif, disponible ou méfiant, affectueux ou indépendant ? Quelle est la réaction des personnages : de l'indifférence ou de l'intérêt, de l'amour ou de la haine, de la collaboration ou de la rivalité ?

En troisième et dernier lieu, nous devons préciser le sentiment final qui est ressenti à la dernière scène du rêve. Ce détail permet une analyse juste du contenu du rêve.

À titre d'exemple, un long scénario accompagné de peur et d'angoisse qui se termine soudainement par un sentiment de joie ou de soulagement peut parler de réussite après l'épreuve.

Alors qu'une scène charmante et paisible qui s'achève sur une émotion de crainte ou d'inquiétude peut avertir de rester vigilant devant des apparences inoffensives.

Une fois le rêve bien décrit avec les images, le scénario et le sentiment final, il reste à situer les symboles nocturnes dans le contexte diurne du rêveur. Possède-t-il un chat? En a-t-il vu un durant la journée? Doit-il soigner le chat de la voisine?

À la lumière des données personnelles, nous réalisons que l'utilisation d'un dictionnaire de rêves ne sera pas d'un grand secours pour comprendre les aventures de nuit. De plus, précisons que même nos propres symboles ont tendance à se modifier au fur et à mesure que nos expériences évoluent. Le symbole du chat, par exemple, pourrait illustrer la tendresse et l'amitié pendant de nombreuses années puis, devenir un signe de tristesse suite au décès de notre animal favori.

Nous sommes tous uniques et, par le fait même, nos rêves sont uniques. Seul le rêveur connaît l'ampleur du passé qui l'a marqué, le présent qui l'influence et le futur qui se prépare. Il a emmagasiné un ensemble complexe de données mentales reliées à une infinité d'émotions selon le plaisir ou la douleur qu'ils généraient[10].

---

10. Gratton, Nicole. *Rêves et Symboles*, Éditions Le Dauphin Blanc.

L'utilisation d'un dictionnaire est une approche passive qui nous piège dans une paresse mentale et nous expose parfois à une plus grande confusion surtout lorsque deux lexiques différents offrent des interprétations opposées. Le doute s'installe et l'incompréhension nous éloigne de notre intuition.

L'analyse par l'intuition

Chaque nuit, notre cinéma intérieur met à notre disposition des images accompagnées d'émotions pour nous informer sur un aspect particulier de notre vie. Que ce soit sur le plan physique, émotionnel, mental ou spirituel, le rêve se charge de nous mettre au courant de ce qui se passe dans nos mondes intérieurs. Il peut ainsi nous dévoiler une situation qui risque de se détériorer, nous démontrer un état en développement ou ce qui va de mieux en mieux dans nos projets en cours. Malgré toute la pertinence de ces informations, nous sommes parfois incapables de saisir le message. Cette situation apporte généralement beaucoup de frustration. Peut-on décoder nos rêves par nous-même sans avoir recours à un dictionnaire de symboles ou consulter une personne ressource ? La réponse est oui !

Notre allié le plus efficace pour parvenir à l'interprétation des images oniriques est l'intuition. La définition de l'intuition est la suivante : une connaissance immédiate de la vérité sans l'aide du raisonnement. Ainsi, une partie de nous, reliée aux fonctions de l'hémisphère droit du cerveau, connaît la réponse recherchée. Puisque le rêve vient de nous, parle de nous et s'adresse à nous, il est alors important de prendre conscience que le rêveur sait intuitivement de quoi il s'agit, car lui seul connaît sa vie de jour, ses préoccupations au moment de s'endormir et ses attentes en rapport avec le futur. Le seul problème est qu'il ne sait pas qu'il sait.

Pour court-circuiter ce problème de fausse ignorance, il faut faire appel à l'intuition qui n'a pas besoin de processus logique pour aboutir à un résultat concluant. Une des façons d'activer l'intuition est l'écriture spontanée que l'on utilise dans un journal de rêves.

La méthode est simple pour travailler avec le journal de rêves. Il suffit de l'ouvrir le soir, d'y inscrire la date avec les deux événements les plus importants de la journée. Ces éléments sont essentiels pour connaître le contexte de vie. Ensuite, on s'abandonne au sommeil réparateur. Le lendemain au réveil, on note les images et les émotions qui ont servi à construire le scénario de rêve dont on se souvient.

La dernière étape est maintenant cruciale pour percevoir le message inclus dans l'ensemble des images. Cette étape consiste à se distancer du premier niveau d'interprétation, celui où l'on cherche une logique au rêve. N'oublions pas que le cerveau droit fonctionne de façon irrationnelle dans le but de donner le maximum d'information dans un minimum de temps : une image vaut mille mots. L'aspect bizarre ou inusité cache parfois une profonde sagesse.

On se distance du rêve d'abord en se posant la question suivante : «Qui fait quoi?» et on y répond à la 3e personne. Voici un exemple : Je rêve que je reçois une minuscule plante dont le feuillage est fait de papier d'emballage. À ma grande surprise, elle pousse rapidement et les couleurs changent tous les jours. Cela m'émerveille. Cependant, après un certain temps, j'oublie d'en prendre soin et la plante meurt par manque d'eau. Mon sentiment à la dernière scène du rêve est le regret de l'avoir négligée. Pour comprendre ce rêve surréaliste, je note dans mon journal : «Quelqu'un reçoit quelque chose qui l'émerveille, mais vit des remords suite à une négligence.»

L'étape suivante consiste faire l'investigation en rapport avec le vécu de jour. Pour faire un lien avec le quotidien, je dois me poser la question suivante : «Y a-t-il une situation dans ma vie où j'ai perdu ma capacité d'émerveillement suite à une négligence sur le plan émotionnel (eau)? Est-ce que j'oublie de mettre du plaisir (changement de couleur) dans les petits riens (la minuscule plante) qui habillent mon quotidien (papier d'emballage)? Intuitivement, je peux reconnaître la cause de cette négligence : j'ai laissé tomber des activités que j'aime habituellement faire pour prioriser des situations qui génèrent du stress.

Pour être au diapason de notre intuition, il est essentiel de se faire confiance et d'oser une interprétation de rêve. La pratique et l'audace seront garantes de notre aisance à comprendre les messages de nos nuits.

L'intuition est la petite voix qui chuchote en douceur. En notant nos réflexions le matin, dans notre journal de rêves, certains mots deviennent parfois révélateurs de vérités. Il suffit de laisser le crayon glisser sur la page et de se laisser surprendre par la sagesse qui en ressort. Jouer avec les mots du rêve peut devenir un plaisir rempli de surprises.

Afin de vous permettre de pratiquer l'analyse intuitive, voici douze rêves pour lesquels des pistes d'analyse sont proposées. De plus, suite à l'information en provenance du rêve, on peut agir par la suite durant le jour de différentes façons, selon le besoin du moment : faire une nouvelle prise de conscience, oser une action concrète ou amorcer un changement d'attitude. Seul le rêveur sait dans quel secteur de son vécu (familial, social, professionnel, etc.) ou dans quel aspect de son bien-être (physique, émotionnel, intellectuel ou spirituel) cette métaphore de rêve s'applique. Une liste d'actions à envisager est donc mentionnée selon la compréhension du rêve en question.

1.   Titre : *La pièce inconnue*

Je déplace des objets et des meubles dans le but de redécorer mon lieu d'habitation. J'ouvre une porte que je ne connaissais pas et j'y découvre de l'autre

côté une pièce inconnue. Elle est spacieuse et vide.
Beaucoup de lumière y entre. Je pense alors à tout
ce que je pourrais y faire. Plein d'idées jaillissent...
Sentiment final : *Émerveillement*

Pistes d'analyse :

1. Une période de changement intérieur amène de l'espace en soi.

2. Découverte d'aspects lumineux qui stimulent la créativité.

3. Disponibilité intérieure pour accéder à du nouveau avec clarté.

Actions à envisager :

1. Prendre le temps qu'il faut pour se transformer et redécorer sa vie intérieure.

2. Mettre de la créativité dans un secteur de sa vie, car la disponibilité intérieure est là.

3. Nourrir l'espoir qu'une prise de conscience se fera sous peu et laissera entrer du nouveau.

2.   Titre : *Magasinage luxueux*

Je marche dans la rue pour me rendre à un rendez-vous. Soudain, je regarde une vitrine de magasin qui offre des objets de grande valeur. Sans hésiter, j'entre, je fais le tour et je décide de m'acheter un magnifique ensemble de thé fait en argent. Sans me poser de question sur le prix, je me dirige vers la caisse pour payer.

Sentiment final : Joie

Pistes d'analyse :

1.   Un désir de nouveauté m'habite en ce moment (achat inattendu).

2.   Un besoin de boire du thé se fait sentir dans mon corps (ensemble de thé).

3.   Une période d'abondance s'annonce (achat sans questionnement sur le prix).

Actions à envisager :

1.   Oser la nouveauté.

2.   Boire du thé plus souvent.

3. Visualiser la possibilité d'une rentrée
    d'argent inattendue.

3.   Titre : *La voiture encombrée*

Je conduis ma voiture sur une autoroute. Après un certain temps, je décide de m'arrêter dans une zone de repos aménagée le long du trajet. Lorsque la voiture est immobilisée, je regarde sur le siège arrière et je vois un tas d'objets inutiles et de vêtements démodés qui encombrent l'espace intérieur. Je me demande : d'où vient tout cela ?

Sentiment final : *Questionnement*

Pistes d'analyse :

Si la voiture représente le *soi* en tant que véhicule de la conscience :

1. Quels sont ces vieilleries qui traînent
    dans ma conscience ?

2. En prenant le temps de m'arrêter, je peux
    identifier ce qui est inutile dans ma vie.

3. Même si ma vie est en accéléré (auto-
    route), je peux prendre conscience des

croyances anciennes qui encombrent mes pensées (objets inutiles et vêtements démodés).

Actions à envisager :

1. S'arrêter plus souvent pour regarder ce qui traîne en arrière.

2. Se libérer de pensées inutiles et de croyances périmées afin d'alléger son évolution.

3. Faire un bon ménage intérieur pour dégager la conscience d'un fardeau encombrant.

4. Titre : *Le pont suspendu*

Je dois traverser un pont suspendu qui se balance au-dessus d'un ravin profond. Ce pont est tellement long que je commence à douter de mes capacités à atteindre l'autre rive. Plus j'avance et moins j'ai confiance.

Sentiment final : *Doute*

Pistes d'analyse :

1. Une transition de vie (pont) doit se faire et crée un doute à cause d'un manque de confiance.

2. Le passage par-dessus une souffrance intense (ravin profond) exige un long processus.

3. Une avancée vers du nouveau (autre rive) se fait avec difficulté (doute).

Actions à envisager :

1. Prendre le temps qu'il faut pour regagner la confiance avant d'aller plus loin.

2. Demander de l'aide pour favoriser une guérison qui fait suite à une profonde blessure.

3. Faire appel aux forces intérieures pour faciliter la traversée vers le changement (souplesse, courage, etc.).

5. Titre : *La route bloquée*

Je conduis ma voiture sur un chemin de campagne. Tout semble bien aller lorsque soudain, la route est bloquée. Un immense panneau de bois est installé en travers du chemin. J'arrête la voiture et je vais voir de plus près. Derrière le panneau, il n'y a plus de rien. Pas de route, c'est le vide. Ouf ! J'aurais pu tomber dans ce vide si le panneau n'avait pas été là.

Sentiments finals : Étonnement et soulagement

Pistes d'analyse :

1. Une conduite de vie ne peut être maintenue (arrêt soudain).

2. Un projet ne peut se poursuivre tel que prévu (route bloquée).

3. Une situation ne mène nulle part (vide derrière le panneau).

Actions à envisager :

1. Modifier un comportement actuel.

2. Accepter de mettre fin à un projet sans issue.

3. Changer une situation avant qu'il ne soit trop tard.

6. Titre : *Le chat prisonnier*

Je marche dans un parc. Je vois la tête d'un chat qui sort d'un tronc d'arbre. Il miaule sans cesse. Je réalise soudain qu'il appelle à l'aide. Je m'approche tout près et je constate qu'il est prisonnier de ce tronc. Au moment de le prendre dans mes mains pour le sortir de là, l'image change et je vois le visage en pleurs d'une amie.

Sentiment final : *Urgence d'agir*

Pistes d'analyse :

1. Cette amie a besoin d'aide.

2. Une partie de moi (celle qui a les mêmes caractéristiques que l'amie) vit une grande peine.

3. Une situation est importante à identifier, car elle retient prisonnière (moi ou cette amie).

Actions à envisager :

1. Contacter l'amie vue en rêve et prendre de ses nouvelles.

2. Identifier la peine intérieure et la laisser sortir afin de créer un dégagement émotif.

3. Identifier une situation extérieure qui risque d'emprisonner un aspect de « ma vie » ou de « sa vie ».

7. Titre : *Les clés retrouvées*

J'ai perdu mes clefs et je les cherche partout dans la maison, en vain. Je suis sur le point de paniquer lorsque soudain, je sens quelque chose dans une de mes poches. J'enfonce ma main au creux de cette poche et j'y retrouve mon trousseau de clés. En les regardant de près, je réalise avec surprise qu'il y en a une nouvelle.

Sentiments finals : *Soulagement et étonnement*

Pistes d'analyse :

1. Ce qui croyait être perdu est retrouvé.

2. Rien ne sert de chercher loin quand tout est près de soi.

3. Une perte temporaire génère de la nouveauté qui ouvrira de nouvelles portes.

Actions à envisager :

1. Éviter la panique si une contrariété arrive.

2. Rester à l'écoute de soi, car la solution n'est pas loin.

3. Malgré certains moments de frustration, se réjouir des cadeaux de la vie.

8. Titre : Bagages perdus

Je pars en voyage avec de grosses valises remplies à ras bord. Arrivée à destination, je me promène dans l'aéroport à la recherche de mes bagages. Je vais dans tous les recoins, je ne trouve rien. Je demande à plusieurs personnes de l'aide sans résultat, car on ne semble pas m'entendre.

Sentiment final : Impuissance

Pistes d'analyse :

1. Un manque de vigilance fait perdre quelque chose d'important.

2. Un bagage trop envahissant est prêt à disparaître.

3. Une demande d'aide n'est pas entendue.

Actions à envisager :

1. Être attentif à toutes les étapes d'une nouvelle destination.

2. Renoncer à un bagage devenu lourd à porter (besoins, attentes, responsabilités, etc.).

3. Persévérer pour recevoir l'aide adéquate afin de composer avec une perte importante.

9. Titre : Élimination par étape

On me remet des boîtes de choses inutiles à éliminer. Je décide de procéder par étape en faisant des petites piles d'objets du même genre que je mets ensuite aux ordures ou que j'envoie dans les toilettes. La méthode est plus longue que prévu, mais je sais que c'est la bonne chose à faire pour ne pas créer d'encombrement, surtout dans les toilettes qui risqueraient de se boucher.

Sentiment final : *Patience*

Pistes d'analyse :

1. Une période d'élimination s'amorce.

2. Un nettoyage du passé est en cours, étape par étape.

3. De la patience est nécessaire pour éliminer ce qui n'est plus utile.

Actions à envisager :

1. Faire du nettoyage dans la maison.

2. Lâcher prise sur le passé qui ne sert plus à rien.

3. Cultiver la patience durant une période de changement intérieur.

10. Titre : *Le frigo vide*

C'est l'heure d'aller au lit et j'ai une fringale. Comme à l'habitude, je me rends dans la cuisine et j'ouvre la porte du frigo. Surprise ! Il est vide. Je me demande comment cela est possible, car la veille, je l'avais rempli. À ma grande surprise, cela ne me fait rien. J'accepte avec neutralité cette disparition.

Sentiment final : Acceptation

Pistes d'analyse :

1. Une disparition est vécue avec acceptation.

2. Une partie de soi est prête à changer une habitude (grignoter en soirée).

3. Une attitude positive permet de bien vivre une situation surprenante.

Actions à envisager :

1. Se préparer à un changement inattendu.

2. Laisser tomber l'habitude de manger avant d'aller dormir.

3. Se réjouir de la capacité à accepter les situations imprévues.

11. Titre : *L'inondation imprévue*

Je reviens chez moi après une agréable journée passée à l'extérieur. Dès que j'entre dans la maison, je constate que le plancher de l'entrée est mouillé. En explorant les autres pièces, je découvre que l'eau a envahit la maison entière. Je cherche la cause et je trouve une fissure dans le placard où je garde de vieux souvenirs du passé.

Sentiment final : *Grande inquiétude*

Des pistes d'analyse :

1. Un envahissement risque de causer une inquiétude.

2. Des souvenirs d'enfance remontent et cela devient très inquiétant.

3. Des émotions enfouies sont en train d'émerger et deviennent trop envahissantes.

Actions à envisager :

1. Identifier les souvenirs dérangeants.

2. Amorcer un ménage dans les événements anciens pour les neutraliser.

3. Faire appel à une ressource extérieure pour régler un passé non résolu.

12. Titre : En compagnie de vedettes

Je suis dans un restaurant et à la table voisine, des vedettes de la télévision parlent et mangent ensemble. Soudain, l'un d'eux m'aperçois et décide de m'inviter à les rejoindre. Malgré ma gêne, j'ose y aller et tout le groupe est heureux de m'accueillir. Je sens que c'est un grand privilège de m'asseoir avec ces gens que j'admire.

Sentiment final : *Étonnement joyeux*

Des pistes d'analyse :

1. Une rencontre surprenante risque de m'arriver prochainement.

2. Une partie de moi a besoin de reconnaissance et le rêve comble ce désir.

3. J'ai plus de valeur que je pense, car des gens célèbres m'accueillent parmi eux.

Actions à envisager :

1. Faire des sorties au restaurant... car ne sait-on jamais ?

2. Je remercie mon rêve de combler mon besoin d'être reconnu.

3. J'accepte d'être une personne de valeur en augmentant mon estime personnelle.

En plus de l'analyse intuitive, il existe plusieurs autres techniques, dont l'analyse associative qui tient compte des associations personnelles du rêveur, l'analyse logique qui utilise davantage l'hémisphère gauche du cerveau, l'analyse globale qui énonce en une phrase concise l'ensemble du scénario onirique et l'analyse synthétique qui résume en quelques mots le message essentiel.

Les cinq techniques d'analyse sont enseignées à l'École internationale de rêves Nicole Gratton et sont décrites dans le livre de Catherine Lasnier : *Rêves et Analyse* [11].

---

11. Lasnier, Catherine. *Rêves et Analyse*, Éditions Le Dauphin Blanc.

Conclusion

Peu importe l'attention que nous portons à nos rêves, ceux-ci sont fidèles chaque nuit et présents dans notre conscience. Même si la mémoire fait défaut, il y a de l'espoir ; il suffit d'expérimenter étape par étape.

Avec le temps, l'intérêt grandissant et la discipline de la tenue du journal, la mémoire de rêve va augmenter. De semaine en semaine, il sera plus facile de nous en souvenir.

Fidèles complices de notre bien-être, les rêves sont précieux pour nous guider pas à pas vers un plus grand bien-être et un épanouissement croissant.

Le langage du rêve est un langage d'images irrationnelles agencées en tableaux plus ou moins longs dont le but est d'attirer notre attention sur une information utile. Par l'ouverture et l'écoute de la petite voix intérieure, nous pouvons capter son message.

Les rêves informatifs utiles au quotidien, les rêves télépathiques pour mieux communiquer et les rêves spirituels pour illuminer nos journées sont des cadeaux précieux. À nous de les apprivoiser pour nous en faire des alliés à long terme.

Glossaire

Anima — La partie féminine de l'homme : pôle de l'intuition et de l'intériorité.

Animus — La partie masculine de la femme : pôle de la raison et de la pensée.

Archétype — Chez Jung, symbole primitif, universel, appartenant à l'inconscient collectif.

Cycle de sommeil — Cycle habituel contenant les cinq stades : endormissement, sommeil léger, sommeil profond, sommeil très profond et sommeil paradoxal.

Électroencéphalogramme (ÉEG) — Enregistrement de l'activité électrique du cerveau mesuré au moyen de petites électrodes fixées sur le cuir chevelu.

Inconscient collectif — Concept proposé par Jung pour définir l'ensemble des archétypes communs à toutes les cultures.

Mouvement oculaire rapide (MOR) — caractéristique du sommeil paradoxal. En anglais : REM (*Rapid Eye Movement*).

Onirique — Relatif aux rêves.

Onirologie — Étude des rêves.

Oniromancie — Divination par l'interprétation des rêves.

Postulat de rêve — Formulation d'une action que l'on désire accomplir durant le sommeil dans le but d'induire un rêve spécifique. Une orientation choisie concernant l'activité onirique. Une intention claire pour favoriser un rêve solution. Exemple : « Cette nuit, je vais... »

Psychanalyse — Méthode d'investigation psychologique née à la fin du XIXe siècle à la suite des travaux de Sigmund Freud.

Psyché — Ensemble des composants relationnels et affectifs du *moi*.

Rêve récurrent — Rêve répétitif qui revient régulièrement à cause d'un message non décodé ou d'une information non comprise.

Sommeil paradoxal — Sommeil au cours duquel le rêve se manifeste avec des images, des sons et des sentiments. Se produit de 5 à 6 fois par tranche de 8 heures de sommeil, après chaque période de sommeil lent.

Télépathie — Du grec tele (loin) et pathos (sentiment). Phénomène consistant en un échange d'informations entre deux personnes n'impliquant aucune interaction sensorielle ou énergétique connue.

Bibliographie

ARNTZ, William. *Que savons-nous vraiment de la réalité?* Éditions Ariane.

BOUCHER, Paule. *Les signes de jour*, Éditions Le Dauphin Blanc.

BOUCHER, Paule. *Rêves et Télépathie*, Éditions Le Dauphin Blanc.

CALDWELL, J. Paul. *Le sommeil*, Guy Saint-Jean éditeur, Laval.

CARDINAL, Denise. *Rêves et Mémoire*, Éditions Le Dauphin Blanc.

CLERC, Olivier. *Vivre ses rêves*, Guy Saint-Jean éditeur.

Collectif de L'Arc-en-ciel. *Et si les rêves servaient à nous éveiller*, Quebecor.

DELANEY, Gayle. *La clé des rêves*, Éditions AdA Inc.

FECTEAU, Danielle. *Télépathie*, Éditions de l'Homme.

FLUCHAIRE, Pierre. *Apprenez à utiliser vos rêves*, Éditions Ellébore.

FLUCHAIRE, Pierre. *La Révolution du rêve*, Éditions Dangles.

FORTIN, Carole. *Rêves prémonitoires*, Éditions Flammarion Québec.

GARFIELD, Patricia. *Comprendre les rêves de vos enfants*, Éditions Albin Michel.

GARFIELD, Patricia. *La créativité onirique*, J'ai lu.

GARFIELD, Patricia. *Guérir par les rêves*, Albin Michel.

GORDON, David. *L'éveil spirituel par les rêves*, Éditions AdA Inc.

GRATTON, Nicole, *Découvrez votre mission personnelle*, Éditions Un monde différent.

GRATTON, Nicole, *L'Art de rêver*, Éditions Flammarion Québec.

GRATTON, Nicole, *Les rêves, messagers de la nuit?* Éditions de l'Homme.

GRATTON, Nicole, *Mon journal de rêves*, Éditions de l'Homme.

GRATTON, Nicole. *Rêves et Spiritualité*, Éditions Le Dauphin Blanc.

GRATTON, Nicole. *Rêves et Symboles*, Éditions Le Dauphin Blanc.

HAMEL, Johanne. *De l'autre côté du miroir*, Le Jour éditeur.

JOUVET, Dr. Michel. *Le sommeil et le rêve*, Éditions Odile Jaco.

JUNG, C.G. *L'homme à la découverte de son âme*, Éditions Albin Michel.

LABERGE, Stephen. *Le Rêve lucide*, Éditions Oniros.

LAPENSÉE, Micheline. *Rêves et Deuil*, Éditions Le Dauphin Blanc.

LANGEVIN, Brigitte. *Rêves et Créativité*, Éditions Le Dauphin Blanc.

LANGEVIN, Brigitte. *S.O.S. Cauchemars*, Éditions Flammarion Québec.

LASNIER, Catherine. *Rêves et Analyse*, Éditions Le Dauphin Blanc.

LASZLO, Ervin. *Science et Champ Akashique*, Éditions Ariane.

MCTAGGART, Lynne. *L'univers informé*, Éditions Ariane.

MCELROY, Mark. *Le rêve lucide pour débutant*, Éditions AdA Inc.

RENARD, Hélène. *Les rêves et l'Au-delà*, Philippe Lebaud.

RENARD, Hélène. *Les grands rêves de l'Histoire*, Éditions Michel Lafon.

RICHELIEU, Peter. *La vie de l'âme pendant le sommeil*, Éditions Vivez Soleil.

RIEDEL, Christiane. *Rêves à vivre*, Éditions de Mortagne.

RYBACK, David. *Les rêves prémonitoires*, Éditions Sand, Paris.

PAYEUR, Charles-Rafaël. *Les rêves et leurs mystères*, Éditions de l'Aigle.

THURSTON, Mark. *Edgar Cayce Les rêves, Réponses d'aujourd'hui*, Éditions de Mortagne.

ULLMAN, Montague. *La télépathie par le rêve*, Éditions Tchou.

VON FRANZ, Marie-Louise. *Rêves d'hier à Aujourd'hui*, Éditions Albin Michel.

À propos de l'auteure

Nicole Gratton, hygiéniste du sommeil, est conférencière internationale (Paris 1998, Santa Cruz 2001, Boston 2002, Copenhague 2004, Berkeley 2005, Sonoma 2007, Chicago 2009).

Elle donne des formations sur les thèmes suivants : sommeil, rêves et vitalité. Elle écrit des chroniques régulières dans plusieurs magazines québécois. Elle a participé à de nombreuses émissions de radio et de télévision.

Fondatrice et directrice de l'École internationale de rêves Nicole Gratton, elle forme des animateurs certifiés qui offrent ses ateliers dans plusieurs régions du Québec et en Europe.

Nicole Gratton est membre de l'IASD, une association internationale fondée en 1983 dont le but est de favoriser la recherche sur les rêves : www.asdreams.org

Pour des informations
concernant les prochaines activités :

www.nicolegratton.com

Publications de Nicole Gratton

Livres

Les rêves en fin de vie	Éditions Flammarion Québec, 2009
Dormez-vous assez ?	Éditions Flammarion Québec, 2006
Les secrets de la vitalité	J'ai lu, 2005 (Flammarion 2003)
Écrire un livre	Éditions Le Dauphin Blanc, 2005
Vos rêves d'amour	Éditions Dangles, 2004 (UMD 2000)
Rêves et Spiritualité	Éditions Le Dauphin Blanc, 2004
L'Art de rêver	Flammarion Québec, 2003

Rêves et Symboles	Éditions Le Dauphin Blanc, 2003
Le sommeil idéal	Éditions Un monde différent, 2000
La découverte par le rêve	Éditions Un monde différent, 2000
Découvrez votre mission personnelle	Éditions Un monde différent, 1999
Mon journal de rêves	Éditions de l'Homme, 1999
Les rêves, messagers de la nuit	Éditions de l'Homme, 1998
Rêves et Complices	Éditions Coffragants, 1996

Livres audio

Les secrets de la vitalité	Éditions Coffragants, 2004
L'Art de rêver	Éditions Coffragants, 2003
Rêves et Complices	Éditions Coffragants, 1996

Traduits en italien

L'Arte di sognare	Edizioni Amrita, 2004
Dormire bene	Edizioni San Paolo, 2002

DVD de formation

Comment bien dormir	DoubleLight Productions, 2008
Comment décoder vos rêves	DoubleLight Productions, 2008

CD de visualisation dirigée

Guide sommeil vol. 1 Douceur	Productions Quantic Music, 2003
Guide sommeil vol. 2 Voyage	Productions Quantic Music, 2007
Guide sommeil vol. 3 Éternité	Productions Quantic Music, 2008
Guide sommeil vol. 4 Renaissance	Productions Quantic Music, 2010

www.AdA-inc.com
info@AdA-inc.com